器物巧思

指尖上的中国

浅草 主编

浅草 著

中国少年儿童新闻出版总社
中国少年兒童出版社

北京

图书在版编目（CIP）数据

器物巧思 / 浅草著 . -- 北京 : 中国少年儿童出版社 , 2025. 1. -- (指尖上的中国 / 浅草主编).
ISBN 978-7-5148-9238-3

Ⅰ. K875-49

中国国家版本馆 CIP 数据核字第 2024LV8757 号

QIWU QIAO SI
（指尖上的中国）

出版发行：中国少年儿童新闻出版总社 中国少年兒童出版社

执行出版人：马兴民
责任出版人：缪　惟

丛书策划：缪　惟　邹维娜　　封面插图：谢月晴
责任编辑：邹维娜　　内文插图：初阳宿语
责任校对：刘　颖　　装帧设计：yoko
责任印务：厉　静

社　　址：北京市朝阳区建国门外大街丙 12 号　　邮政编码：100022
编 辑 部：010-57526333　　总 编 室：010-57526070
发 行 部：010-57526568　　官方网址：www.ccppg.cn

印刷：艺堂印刷（天津）有限公司

开本：720 mm × 1000 mm　1/16　　印张：11.75
版次：2025 年 2 月第 1 版　　印次：2025 年 2 月第 1 次印刷
字数：110 千字　　印数：1—6000 册

ISBN 978-7-5148-9238-3　　定价：48.00 元

图书出版质量投诉电话：010-57526069　电子邮箱：cbzlts@ccppg.com.cn

序

一片素心好成物

孩子对物是共情的。在他们的感觉中，一切事物都是带有灵魂的。我小时候不会对着镜子跟自己说话，但是，会对着一块石头、一棵草或一条河说很多很多的话。看到自己的橡皮变得越来越小了，我就开始跟“他”告别；捡到一片树叶，看见叶脉在阳光下抖动，也会问“他”是不是要死了。《当代》杂志徐晨亮主编的小女儿温婉可爱，在新疆乌鲁木齐与我们分别时，她给每一位老师送了一张自己画的小画。送给我的是一朵小花儿的简笔画，小姑娘告诉我：“这朵花儿很快就开了……”

成年人对物是有寄托的。“斑竹枝，斑竹枝，泪痕点点寄相思”，竹子的纹路激发了伤感；“记得小蘋初见，两重心字罗衣”，一件衣服惹起了万千的牵挂；“烈士击玉壶，壮心惜暮年”，李白的玉壶里有铿锵之声；“春咏敢轻裁，衔辞入半杯”，义山的诗情可以装入酒杯之中……

让孩子感悟物之趣，了解物之理，用自己的手做一件饱含想象力的器物，让身体感受在那创造性的瞬间迸发出来的欢欣鼓舞，这才是这本书所以鼓吹童心与物心相融通的题中之义。

多年来，浅草喜欢各种各样充满情趣的小物件。一杯清茶，她看见了世间温润的情怀；一壶生普，她闻见了苍云变幻的从容；她坚信扣碗倒出来的不仅仅是汤汁，还是可以与宋人同色的领悟；她觉得一件茶叶末釉的器具，饱含了神秘的情调和韵味。如果不是还肯对这个世界抱持一种人文主义的猜想，如果不是还肯对人维持一点儿善良纯粹的愿望，怎么会有浅草笔下万物雅趣的生动?

三分侠气能为友，一点素心好做人。英国有一句谚语说，人类可以造楼、造火车，只有大自然造出了一棵草。其实，人类还可以用大自然造一棵草的心来造自己。

让孩子学习一点儿匠心造物的知识，感受一点儿器物本心的光晕吧！这不是让他们享受简单的孩童情趣，而是让他们长大后还有能力焕发孩童情趣，还有能力想象自己可以创造属于自己的世界！

周志强

南开大学文学院博士生导师，
长江学者，天津美学学会会长

自序

三十多岁的时候，我接触了传统手工艺文化，得以把自己当小孩重新养成，这令我在四十岁依然保持对万物的好奇心，有一个“好学生”的心态和动力。为了深入这份爱，我写书、读博、到处走访，生活中充满发现美好的欣喜和不断成长、进步的自信。此时的我，比十几二十岁时更具少年气。

希望孩子们也能从传统手工艺文化中获得这份内在滋养和动力，不是说都得“投身”传统，而是养成一种对事物、对世界、对人生的由坚实和诚恳构成的底层逻辑。许多现代科技的灵感都源自这些看似古老、简单的手工技艺，“指尖上的中国”这套书不仅能够帮助我们更好地理解科技是如何从日常生活中发展起来的，也能够让我们对劳动和生命有更多的尊重和敬畏，养成以探索、主动实践的习惯来对抗被投喂与被决定的命运。

现在的孩子一出生便是人工智能接管的生活，大数据算好一切供奉在屏幕上，手指点一点就自动投喂，容易让人忘了自己双手的伟大能力和思维意识曾经创下的奇迹：如何做投枪、渔网来打猎和捕鱼，如何用泥和水做成陶瓷水杯，棉麻植物如何变成衣裳，米面如何变成点心，木材如何变成高高翘起的屋檐……今天人类的知识更渊博了，对生活中万物的来历却更无知了。当专业和技能越发细分，人类方方面面的需求逐渐被科技和各种商业体系架空，我们的未来是否会以人工智能和大数据的逻辑来生成？

如此，推广传统手工艺文化的意义就更为深远了。我在编写这套书的时候，也自觉不要陷入怀旧主义，而是带入自己从学习、内化再到行动的经验，强调用双手造物的进程是如何塑造人、塑造人类文化的。

一门手艺，往往要从认识原材料开始。它产于何地？为何某地出产的原料会优于其他地方？然后是设定目标。要做成什么东西？要有什么形状？要不要有装饰图案？要有什么样的功能？在以往的文化体系中，有哪些可以算作“好”的标准？接下来是动手，采用一定的工艺去实现它。无论是捶打、编织还是雕刻，手上的技术都需要日积月累的训练，才能依据材质的属性，选择相宜的力度、角度去操作，做到手眼协调，大脑身心能和谐有机地配合自如。如果要使用工具，还要知道怎么设计和使用工具，要有借力的智慧，有解决问题的耐心，以及每一步都不能偷工减料和投机取巧的诚实，因为结果没有侥幸。另外就是心无旁骛的专注力和不屈不挠的持续力，追求精益求精，必须要有一定的意志力。如果需要其他人配合，还得有沟通能力和团队协作能力……马克思说，劳动是人的本质的对象化，一个人想成为一个什么样的人，几乎都可以在他的劳作中呈现出来。

手工劳动是一个塑造人格品质的漫长过程，而且最终将沉淀在对世间万物的感知里。

手艺的背后是人类生存的方法与技能，在方法与技能的背后是人对自然的了解，对人类需求的关怀与满足，是人类继承过去、创造现在和未来的万丈雄心。人的自我是在支配力的一次次有效释放及其反馈中建立的。人在利用自然、手工造物的过程中，不仅实现了人类的生存和发展，也逐步积累了经验和知识，确定了秩序、规则和方法，获得了判断力、尊严和自信。

最后，还要谈到爱。爱与深刻的理解有关系，爱的能力也跟见识、眼光有关系……对一件事了解得越深，爱的程度也越深，对自己和他人，对人生和世界的态度，也都根深于此。

浅　草

2024 年 12 月于南开大学北村

目录

灯具蜡烛

照亮生命的火焰

现在，我们按下开关就有灯光亮起，这在两百多年前，仍是难以想象的神迹。几百万年之前，人类对太阳落山后的黑暗甚至毫无办法，直到他们发现最原始的光源——火。

在希腊神话中，一位叫普罗米修斯的天神，看到陆地上的人们受到野兽的攻击、饱受寒冷的折磨，于是怜悯世人，从天神那里盗取火种带到人间。在中国，则有一位受人尊敬的“火祖”。一百万年以前，远古时代的人们看到自然世界中的火，却不知如何存储与使用，直到一位智者学会了用树枝钻木生火，这才带领部落结束了茹毛饮血的历史。这个人就是燧（suì）人氏，他也被认为是中华民族的人文始祖之一。

从火堆中抽出一根燃烧的树枝，这便是人类最早的照明工具。后来，他们发现，如果在树枝的顶端蘸上动物油、蜂蜡或者松脂，就能烧得更旺、更久。在后来的漫长岁月里，人们对火的应用越来越灵活，找到了其他更适合用来照明的燃烧材料，还制造出盛放燃料的盘盏，这才诞生了真正意义上的灯。

灯具：从简单到繁复

最早，古人常用的是麻秸、束苇、竹条等硬质的灯柱。考古学家就在云南一处东汉时期的墓穴中，发现一个残存着一小截灯柱的灯盘，经分析，这段灯柱的里层是八九根细竹条，外层缠着一层三毫米的纤维物质，这就是现在能见到的最古老的灯柱了。

商代青铜涡纹中柱盂（河南博物馆藏）

在后来的很长一段时间里，人们都通过油的燃烧来照亮黑夜。河南博物馆中就收藏着一件商代的青铜涡纹中柱盂，考古学家们认为，这件青铜盂中像蘑菇一样的立柱就是用来支撑灯柱，使火不至于燃烧到油面的装置。另外一件战国时期的青铜鸟盘灯，底座上有镂空的花纹，中间的立柱上还有一只造型别致的飞鸟，十分精美。

社会越是发展，灯具的种类和数量就越多。春秋战国到两汉时期，是青铜器为主的时代，制灯的手艺人借助当时的主流工艺，做出青铜灯。这样的灯具多是宫廷和贵族特供的奢侈品，有些是使用在祭祀、丧葬等活动中的礼

战国青铜鸟盘灯（故宫博物院藏）

器，有些则用于墓室照明或是成为随葬品。与我们在秦始皇陵中看到的兵马俑一样，这个时期的青铜灯也多被做成人俑造型，有男有女，像奴仆一样为主人托着灯盘，看起来忠心耿耿。

一般的人形铜灯都是人俑手握灯柄，柄上托圆形灯盘，灯盘内可以盛放油和灯芯，也有托两三个灯盘的，宛如杂技演员。想放更多灯盘的时候，手艺人就聪明地设计出树枝造型，这便是连枝灯。河北平山县的战国中山王墓中就出土过一个十五连枝灯，像一棵繁茂的大树，错落有致地支撑着十五个灯盏，树枝上还有猴子、小鸟、龙等纹样装饰，非常有趣。

同样是人形灯，汉代的灯具设计之精巧，无不令人惊叹。最具代表性的要数被誉为“中华第一灯”的长信宫灯了。整座灯通

战国人形青铜灯（国家博物馆藏）

战国中山十五连枝灯（河北博物馆藏）

长信宫灯（河北博物馆藏）

体鎏金，虽然经历两千多年的岁月，但在灯光的照射下，仍然金光闪闪、尽显华贵。宫女左手拖着灯盘，右手提着灯罩，衣袖和手臂部分被巧妙地设计成烟道，与身躯相通，使灯芯燃烧的烟尘可以通过右臂进入身躯，减少室内的油烟。灯盘上的小柄，可以用来旋转灯盘以调节灯光的方向，灯罩上还有两片弧形的面板，可以拉动开合，调节火焰的大小。

像长信宫灯这样带烟管的灯，是汉代的先进创造，在同一时期的世界灯具中都处于领先地位。当时的人们将这种带导烟管的灯叫作“釭（gāng）”，汉代常见的釭灯还有牛、雁等造型。出土于江苏的东汉错银铜牛灯，就是驮着圆亭形灯座的牛的造型，灯座上方有一个通向牛脑袋和牛肚子的导烟管，牛的肚子里会储水，吸纳导入的烟尘和灰烬。另一种是雁鱼灯。由于雁被视为可以带来吉祥、传递祝福的瑞禽，而“鱼”

东汉错银铜牛灯（南京博物馆藏）

西汉彩绘青铜雁鱼釭灯
（国家博物馆藏）

是“余”的谐音，寓意生活富足有余，所以雁衔鱼的造型体现了人们对生活的美好愿望，在汉代十分流行。最具代表性的是出土于山西，现收藏于国家博物馆的西汉彩绘青铜雁鱼釭灯，整座灯以雁颈为导烟管，造型流畅自然。仔细一看，雁身和鱼身上的翠绿色彩，以及用墨线勾出的雁羽和鱼鳞，虽历经千年，仍然艳丽异常，清晰可辨，令人赞叹。

燃料：灯油、蜂蜡和白蜡

青铜灯具工艺考究，制造成本很高，往往是皇室显贵用的奢华之物。对于平民百姓来说，在日常生活中使用的，多是“豆形灯”。上古时代有种盛放食物的器皿，叫作“豆”。豆的顶部是个小圆盘，底部有个座，顶部和底部间有个柄连接。就是这样一款从新石器时代就开始使用的餐具，顶部盛放灯油，配一根灯芯，灵活应用一下，

新石器时代的陶豆

就成了一款最经典的灯具造型。魏晋以后，陶瓷烧制技艺逐渐成熟，在陶豆形态上发展而来的造型各异、纹饰多样的瓷灯就成了主流。

三国青瓷熊灯（国家博物馆藏）

较早的时候，中国人习惯席地而坐，用的是矮桌，为了好的照明效果，灯具往往比较高。隋唐之后，人们渐渐“垂足而坐”，高桌椅的出现，使得灯具的高度不再受限，碗状、盘状或钵状的灯具逐渐增多。在唐代高产诗人陆游的笔下，就记录了一款曾流行一时的瓷盏灯：“书灯勿用铜盏，惟瓷盏最省油。蜀中有夹瓷盏，注水于盏唇窍中，可省油之半。”这里的盏形瓷灯，是产自四川邛窑的一种省油灯。这种灯设计巧妙，将两个碗状的灯盏叠放在一起，中间设夹层，侧面开一个小孔。从小孔向夹层注水，便可以降低油温，达到省油的目的。

邛窑省油灯（四川博物馆藏）

为什么要下这么大的功夫省油呢？因为古代的灯油，是通过熬制动物脂肪或榨取油料植物籽实做出来的，费工费力，所以并不便宜。穷人家的孩子想在晚上看书，灯点久了都会心疼油钱。著名的成语“凿壁偷光”和“囊萤映雪”，说的就是古代用功读书的孩子，因为家里没有钱买灯油，只好想各种办法照明的故事。对他们来说，即便是豆子大小的灯光，也是来之不易的。

到了汉代，人们开始“以蜡代油”，但这里的蜡，可不是现代常见的白色蜡烛，而是更原始的蜂蜡。古人很早就掌握了从蜂巢中提取蜂蜡的方法，但蜂蜡熔点低，容易软化变形，一般都是做成粗短的蜡烛或者蜡块，使用时要先融化，再加入灯芯点燃。不过蜂蜡价格昂贵，是属于王公贵族专享的奢侈品。

到了唐宋时期，蜡烛的形态已经接近现代的模样了，是中间有烛芯，可以直接点燃的长管状。在宋人临摹的《韩熙载夜宴图》和南宋画家马麟的《秉烛夜游图》中，都出现了这样细细长长的蜡烛。之所以有这样的形态变化，是因为当时的人们发现了一种可塑性和硬度都比蜂蜡高的原料——白蜡。白蜡是中国的特产，还曾出口到国外，受到世界市场的欢迎，被称为“中国蜡”。至今，四川、湖南等地还流传着传统的白蜡制作工艺。

古人点灯，除了费钱，还很费事，我们可以从文人才子的诗句和文章中找到一些证据，比如唐代诗人李商隐写过一句“何当共剪西窗烛”，为什么要剪烛呢？这是由于点燃后的灯芯始终处于火焰的中心，相比外焰，火焰中心的氧气不够，灯芯无法充分燃烧，所以会逐渐炭化变长，必须不时地用剪刀将末端剪去，保持火焰的稳定。后来，三股头的灯芯被发明出来，灯芯末端可以随着燃烧散开，直接被外焰烧掉，所以，剪烛这样的浪漫场景，就逐渐退出历史舞台了。

如今，不仅不用再剪烛芯，连蜡烛都用得少了。随着电灯的发明，不管是油灯还是蜡烛，都逐渐退出了人类照明的历史舞台。只有香薰蜡烛，作为人们熏香和舒缓心情的用品保留至今。当人们点燃香薰蜡烛，感受到蜡烛燃烧带来的独特气味和氛围时，不知是否会发出感叹，这样小小的火光，是怎样改变着人类的进程？它让黑夜不再是一片死寂，让人类的求知欲不再受限于时间，让那些闪现在夜晚的灵感得以被记录和流传。而那些承载着火光，在历史中不断登场的各种灯具，不仅凝聚着中国人延绵不绝的智慧，更诉说着中华大地上从古至今的生活变迁，反映了中国人独特的审美与永恒的精神追求。

指尖工坊

白蜡的神奇变身

中国白蜡有着上千年历史，最早传入国外时，还曾被欧洲人误认为是由黄色的蜂蜡漂白做成的。其实，白蜡与蜂蜡是截然不同的两种蜡，而且白蜡的诞生十分神奇，需要依赖一种中国特产的小虫子——白蜡虫。白蜡虫寄生在白蜡树上，幼虫（主要靠雄性幼虫）将口针插入树的枝叶中吸取养分，之后产出代谢物——白色的蜡丝。蜡丝越积越多，就形成了白色的雪花状凝结物——蜡花。久而久之，白蜡虫甚至会被埋在厚厚的蜡花里。当远远看去，树干上已经是白花花的一片，就到了采蜡的环节。人们将这些蜡花从树上连片取下来，经过加热，就能分离出白蜡。

中国是最早养殖白蜡虫提取白蜡的国家。白蜡不仅能做成蜡烛，还能应用到西南地区少数民族特色的手工艺——蜡染中，如今，白蜡在制药、机械、电子、日化等行业均有应用。

陶瓷烧制

水、火、土的魔法

你相信吗？如果回到原始社会，你也可能成为了不起的发明家，发明出对社会进步影响巨大的一种器物——陶器。

首先，钻木取火这项技能，你已经熟练掌握了，之前就经常烤兔子和山猪吃。其次，用不了多久你就会发现，泥巴是个好玩的东西，尤其是和水在一起后，会变得很黏，而黏糊糊的泥巴烤干之后又会变硬。

那个时候人们已经在用苇或竹编一些日常用品，但这些工具并不能用来盛水，也无法加热。当你观察到，如果在篮子的里外都涂上这种掺过水且揉捻过的泥巴，再经过烤干，就能做出一个既能盛水又能用火加热的盛具。再后来，你会发现，这样的泥巴不需要附着在篮子或者木器上，用手捏塑出形状再烤干，也能做成各种盆子和罐子。

恭喜你，你已经参透了这项水、火、土的古老魔法，发明了原始陶器。

不得不说，这项古老的魔法触发了巨大的生产力。这项工艺的出现，慢慢解决了煮茧抽丝的技术瓶颈问题，也为粮食蒸煮之后发酵酿酒提供了技术前提，为纺织、印染、酿酒、制药等行业的诞生和发展奠定了基础。

怎么把泥巴做成器物？

同一时期，在地球上许多相隔万里的原始部落里，都有人会做陶器。

具体来看，这项水、火、土的古老魔法，涉及几大关键环节：选料、塑形和烧制。

要做陶器，第一步当然是要找到适合的土。人们很早就发现，有些土壤含沙量少又有黏性，它们由某些岩石风化而来。黏土加水湿润后，只要用一点点力便可随意塑形，在800摄氏度以上的高温烧烤下，其中的硅酸盐矿物成分会发生化学反应，变得更坚硬、细密。

然后，怎么把泥土做成器物的形状呢？总结下来大概有三种方法。

一是用手捏塑法。最早人类只会用手捏一些简单的实用陶罐、陶碗，形状很不规整，器壁上常常留有指纹。为了模仿更早的竹篮之美，原始人喜欢在陶坯上镂刻花纹，这种喜好

用手捏塑法

直到今天仍然在美洲与非洲的一些部族中存在。农妇们用手捏出壶和盆的形状，迅速放到火上烧制成土陶。

二是泥条盘筑法。先将黏土加水和成陶泥，然后搓成泥条，圈起来一层一层往上叠堆，再将里外抹平，制成陶器的雏形。这种原始的制陶方法在现在的云南傣族、佤族等少数民族地区，还有完整的保留。所以不用穿越到古代，也可以跑去一探究竟。

三是轮制法。轮制是更成熟的制陶工艺，这个工艺直到现在还是手工类陶艺人的必备技能。据说只有转速达到每分钟九十周以上，陶泥才能迅速成型。低于这个速度，转轮只能用来修整坯体，这便有了快轮与慢轮之分。在很多原始时期的陶器内壁上，可以很清楚地看到圆环状轮纹。这种用轮制法制成的陶器厚薄均匀、器型规整。仰韶文化的某些陶器上，轮纹大多出现在器口部分，这是用慢轮修整口沿留下的重要证据。到了龙山文化时期，已普遍使用快轮制陶，从这一时期器物内外同心的轮纹来看，无疑是在快速转动的快轮上制成的。

泥条盘筑法

接着，掌握温度是玩这个水、火、

轮制法

土魔法的关键。最早人们在干燥的地面上铺放一些柴草，将晾干的陶坯直接放在上面，再用干柴草覆盖，最外面涂抹一层约一厘米厚的黄泥浆，戳小孔通风，然后就可以点火了。烧上几小时后，陶坯就会变硬。因为这样的烧法温度没办法达到800摄氏度，所以陶器会呈现红色或者褐色，也有被草木灰熏成灰色或黑色的灰陶和黑陶。

从无窑到有窑，对于陶器烧制来说又是一个很大的进步。最先出现的是“穴窑”，就是在地上挖一个坑，设燃烧室、火道以及调节温度的火眼儿。

到了战国时期，开始有馒头窑及龙窑。由于结构更为合理，这两种窑的烧制温度可达1300摄氏度。到达1300摄氏度是很了不起的事，世界各地的原始人都发现了制作陶器的方法，但能突破温度和技术上的难关，发明瓷器，却是中国人独有的。中国瓷器曾长期保持着垄断地位，受到全世界人们的喜爱，因此英文中用瓷器（china）来作为中国的译名。

从陶器到瓷器

现在人们常说的陶瓷，是陶器和瓷器的统称。陶和瓷，是两个概念、两种物品，它们制作时使用的原料、烧制的方法完全不同。

瓷器的发明源于陶器。在长期的制陶历史中，古人发现，有的陶器表面会出现少量透明又坚硬的小块，有了这层透明的东西后，器物变得更加漂亮，也不像之前那样粗糙了。聪明的古人通过观察总结，发现那些在烧制前落有草木灰的地方常常会覆盖这种透明层。那么，要是整个器物表面都这样光滑、漂亮该有多好啊。于是，古人根据陶土遇草木灰烧制时发生的这一神奇变化，发明了釉。

原来，草木灰中含有氧化钙，烧制时，氧化钙与硬陶坯体表层的石英、长石等成分发生作用，将石英、长石熔成了玻璃体，这其实就是“釉”了，只不过这不是人为上的釉，是天然形成的釉。后来，陶工们根据这个现象发明了人工上釉的工艺，即把燃烧过的草木灰收集起来，用水搅拌成浆状，用手或毛刷工具把草木灰浆涂抹在用瓷土或类似瓷土做的器皿上，再入窑烧造。这样，瓷器就诞生了。

古代人在烧制白陶器和印纹硬陶器的经验中，逐步探索出烧制瓷器必须同时具备的三个条件：一是制瓷原料必须是富含石英和绢云母等矿物质的瓷石、瓷土或高岭土。二是烧制温度须在1200摄氏度以上。三是在表面施有高温下烧成的釉面。

宋代时，精致的瓷器已经是受全民追捧的奢侈品了。当时的钧窑、哥窑、官窑、汝窑和定窑并称为五大名窑，制作瓷器也变成一个很专业的领域。再到元明清几代，青花、五彩、斗彩、珐琅彩各种花样繁多的瓷器纷纷出现，中国最终成为当之无愧的瓷器大国。

指尖工坊

不断变化的瓷器审美

中国是瓷器的故乡。瓷器的发展演变，也折射出中华民族审美格调的演变过程。例如，宋代崇文轻武、优容养士，文人士大夫群体崇尚古朴清淡的审美喜好，自然也影响了高档瓷器的制作风格。

所以，宋代瓷器几乎没有艳丽的颜色和繁复的花纹，追求的是质朴无华、平淡自然。

清代瓷器的烧制技艺到了登峰造极的水平，康熙、雍正、乾隆三朝，因政治和经济状况都比较好，皇帝们又很重视瓷器烧造，所以瓷器的制造逐渐趋向精致华美的风格。康熙时期的青花、五彩、三彩、郎窑红、豇豆红、珐琅彩等；雍正时期的粉彩、斗彩、

宋代汝瓷纸槌瓶

清乾隆各种釉彩大瓶

青花和高低温颜色釉……听起来就是个琳琅满目的华丽世界。

到了乾隆时期就更是花样百出了，督陶官唐英曾经帮乾隆皇帝做了一件各种釉彩大瓶，这个大瓶高86.4厘米，自上而下装饰的釉彩达十七层之多。从烧造工艺上看，青花与仿官釉、仿汝釉、仿哥釉、窑变釉、粉青釉、霁蓝釉等均属高温釉彩，需先焙烧，而粉彩、珐琅彩、金彩及松石绿釉等均属低温釉彩，需后焙烧。如此复杂的工艺只有在全面掌握各种釉彩性能的情况下才能顺利完成。

这件汇集了各种颜色和技巧的大瓶本身就是一个瓷器百科全书，所以除了官方的命名，人们还给它起了一个非常气派的名字——瓷母。

炼铜打铁

改变时代的金属

说到炼铜打铁，离不开一个字——冶（yě），这个字形容金属在高温下像冰雪融化一样销熔，指用焙烧、熔炼等方法提取矿石中所需的金属。

通过焙、烧、熔、炼这几个字的部首，不难想象古人最早是怎么发现金属的吧？没错，跟火有关。

这一幕大概发生在新石器时代晚期，当时，人类已经有了用高温烧制陶器的经验。或许是人类碰巧用了含有天然铜的石头来搭烧陶的窑，再加上烧陶温度与铜的熔点接近，所以烧陶过程结束后，人们竟然在窑壁或灰烬里发现了有着红色光泽的新东西。

接下来，人们开始在采集石头的时候留意这样的铜矿石。烧陶的窑是现成的，将这些石头放进去烧烧看，这便是最原始的提纯冶炼操作。最初，被烧出来的铜块在经过捶打后还比较容易成型，可以用它们做点儿刀、铲之类的工具，但人们还不够满意，比如用它做的砍伐工具实在太软了，而且人们还想用它做些更精美的器具。于是，经过工匠的钻研和实验，人们在冶铜的时候加入了含有锡或铅的矿石，这样烧制出来的混合物更加符合人们的使用需求，这便诞生了冶铸史上最早的合金——青铜。

青铜：时代飞跃的翅膀

如今，博物馆里各式各样的青铜文物依然令人震撼，很难想象，这些竟是我们几千年前的祖先们制造出来的。

甘肃马家窑文化遗址就出土过一把保存完整的青铜刀，这把刀长约12厘米，生产于新石器时代后期，距今约五千年，是迄今为止中国发现的最古老的一件青铜器。河南洛阳的二里头文化遗址发掘出一尊夏朝时期的青铜爵，是我国目前发现的时代最早的青铜容器，被誉为“华夏第一爵”。

到了商周时期，青铜铸造技术发生了飞跃，来到了鼎盛时期。在商朝，宏大的青铜冶炼作坊足有一万平方米以上。我们在历史课上学到的后母戊青铜方鼎（又称“司母戊鼎”）就生产于此时。它高133厘米，口长112厘米，口宽79.2厘米，重832.84千克，是现存古代青铜器中最沉也是最出名的一件。

华夏第一爵

铸造这样一个庞然大物，工艺

十分复杂，要很多人协同合作才能完成。首先，要用泥土做好陶制的范模，类似于现在做雕塑常用的石膏模。鼎的内外两个范模要分开做。一般先制内模，然后以内模翻制外范。内模上刻有事先设计好的图案花纹，这样翻制外范时，花纹就翻印在了外范的内侧。

内模、外范制成后，要按照器物的厚度，均匀地刮去内模表面的一层，预留出浇铸的空间。浇铸前，炼铜工人需要将超过1000千克的青铜原料，放在1000多摄氏度的炉子里熔炼成液态。然后将内模和外范套在一起，中间用支钉相隔。此时，工匠们必须通力协作，将铜液注入内外范之间。待铜液冷却后除去陶范，

青铜铸件的外范，铸型为赤足站立的男性

再用工具精心修整、打磨。铸造后母戊青铜方鼎这样的超大件，整个过程往往需要两三百人共同协作，要用很多块陶范来合铸，这更离不开熟练的专家来掌握控制几种金属配料的比例以及火候。

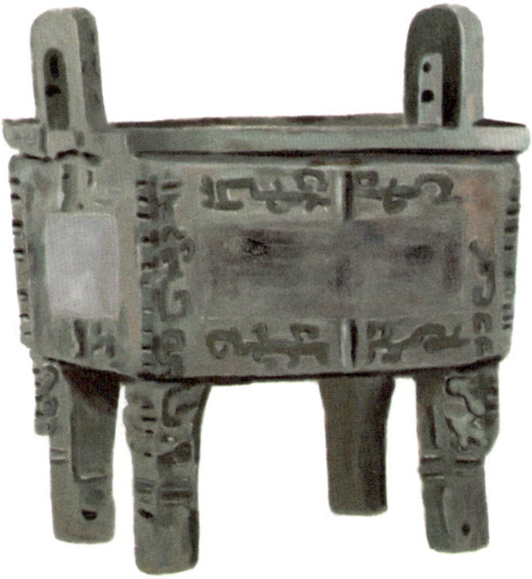

后母戊青铜方鼎

在漫长的岁月里，人们积累各种炼铜的方法。无论是火坑里的意外，还是在陶窑里的尝试，这种将铜矿石放在高温下冶炼的制铜方法都算作火炼法。除了火炼法，古人还独创了一种在水里炼铜的水炼法，这种方法又称湿法炼铜。

北宋《梦溪笔谈》中记录过这么一段："信州铅山县有苦泉，流以为涧，挹其水熬之则成胆矾，烹胆矾则成铜，熬胆矾铁釜久之亦化为铜。水能为铜，物之变化固不可测。"其实这便是中学的化学实验室就可以验证的铁与铜的置换反应。古人不知这里的"苦泉水"是天然硫酸铜溶液，经过铁与溶液产生的化学反应，溶液中的铜离子被置换出来，难怪要产生"物之变化固不可测"的慨叹了。

《读史方舆纪要》一书则更为详细地描述了铅山地区湿法炼铜的场面："有沟槽七十七处，各积水为池，随地形高下深浅，用木板闸之，用茅席铺底，取生铁击碎，入沟排砌，引水通流浸染，候其色变，锻之则为铜。余水不可再用。"沟槽中的水便是含有硫酸铜的溶液——胆水，而"候其色变"即是在观察置换反应的程度。这样的描述足以说明，"胆水浸铜法"在宋代已经有一套比较完善的工艺了。

铁：强韧与高温的秘诀

铜的冶炼，不仅制造出许多兵器、礼器和生活用品，也为铁及其他金属的冶炼提供了宝贵的经验。当人们在冶炼青铜的过程中掌握了足够的冶炼技术，铁器时代便逐渐到来了。

人们最早发现的铁是陨石中的铁，一些陨石的含铁量很高，看起来富有光泽，一度被认为是从天而降的神物。很久以前，古人捡到这样的陨石，发现它们非常适合用来制作刀刃和饰品。但这种优质材料来自宇宙空间，可遇而不可求。由于地球上天然的单质状态的铁极少，而且它的熔点比铜高，熔炼难度更大，所以铁器的大规模使用比铜器要晚一些。

受限于已有的技术条件，古人炼铁大致有两种思路：一是固态还原法。用木炭或木柴作为燃料和还原剂，使铁矿石中的氧化铁还原成固态的铁。但还原后的固态铁结构疏松，需反复加热锻打，挤出渣滓，才能得到质地较为紧密的纯铁料块。二是液态还原法。在较为高大的炉体内，于较高温度下用木炭作为燃料和还原剂，使氧化铁还原并充分吸收碳，成为熔融的生铁（铁和碳的合金），以液态从炉中放出，直接浇铸成器。

在春秋时期，古人已经开始使用液态还原的方法浇注形状复杂的铸铁件了。但最早的铸铁成品中含有较多的碳，比较脆硬，不耐冲击，直到后来，聪明的冶铸匠师们找到了能使硬铁变软的方法——铸铁柔化术。

人们发现，如果将生铁件加热到一定温度，再对其进行冷却处理，令其中的石墨改变形态，或令其中的碳在高温下被氧化并逐步向外迁移，就能制造出更加有韧性的铸铁。

中国是世界上最早发明韧性铸铁的国家，早在战国时期就实现了使铸铁从脆硬向强韧的转变。从战国时期到南北朝时期，在将近一千年的时间里，韧性铸铁被普遍用于生产工具和各类器件的制作，对社会发展起着重大作用。

《孟子·滕文公上》中就有“许子以釜甑（zèng）爨（cuàn），

以铁耕乎？”的表述，这里的“铁”指的就是用铁做成的农具。文中还提到“以粟易械器者，不为厉陶冶”，表明在孟轲的时代，已经使用铁器耕作，而且铁制品与农产品的交换，已是习以为常的事。

炼铁技术的进步，一度取决于如何得到更高的温度。常言道，有风就有铁。人们发现，向炼铁炉内输送充足的空气可以使炉火燃烧得更旺，促进铁的提纯。于是，人们试着将牛、马等动物的皮做成皮囊用来鼓风。拉开皮囊，空气通过进气阀而入囊；压缩皮囊，皮囊内的空气通过排气阀和输风管输送到冶炼炉中，完成鼓风吹火的工作。这种用来鼓风的皮囊在古代称为橐（tuó）。迄今云南、西藏等地的劳动人民仍在使用类似的原始鼓风工具，他们用山羊皮制成的“火皮袋”来帮助生火做饭，或者用它来为牛皮筏吹气。

皮囊鼓风机

据说东汉年间，南阳太守杜诗总结过往经验，大力推广水排，用水力代替了人力鼓风，加大了炉内的进风量，大大提高了温度。水排是鼓风技术的重大创造，对中国冶铁业的发展起到了极为重要的作用。

水排鼓风炼铁（元代《农书》）

钢：百炼不厌化为百折不弯

古人冶炼出的铁，大多数是含碳量不等的铁碳合金。碳含量增多的时候，铁的强度会增加，塑性会降低。生铁中就是因为含有较多的碳，所以才会比较脆硬。

所以，铁的性质与含碳量有着很大关系，含碳量超过2%的铁，叫生铁；含碳量低于0.02%的铁，叫熟铁；含碳量在

0.02%～2%之间的铁，称为钢。也可以说，钢是含碳适量的铁碳合金。

事关农业和军事水平，提高铁的纯度和硬度也就成了炼铁工人最紧要的任务。在用木炭做燃料的时期，只能烧出蜂窝状的固体铁块，这样的铁块杂质多，含碳量过低，被称为块炼铁。继续用这种块炼铁做原料，在炭火中加热以提高含碳量，然后拿出来锻打，除掉一些杂质，再送进炭火里烧红后，再次锻打去除杂质，反复多次后基本可以得到钢了。

要反复多少次呢？答案是越多越好，西汉中期就出现了“百炼钢”。古书中经常有“五炼”“九炼”“卅炼”“五十炼”“七十二炼”及“百炼”的字眼，研究者认为，这些数字是指加热的次数，即回炉烧锻了多少次。

这样从铁中炼出钢，就像用面粉制作出面筋。面粉必须经过不断淘洗和揉压，面筋才能显现出来。炼钢也是一样的道理，通过反复锻打排除杂质，使其成分更加均匀紧密。古代工匠每次锻打后都会称重，直到重量不再减少，钢也就制成了。钢是铁中精纯的部分，颜色干净明朗，打磨光滑后，是非常漂亮的青黑色。

百炼钢的需求越来越大，但其原料块炼铁的生产效率很低，在冶炼过程中总是要一次次地等待冷却，很费时间。古代的钢刀大多是用百炼钢制成的，性能优异、锋利无比，但一把用百炼钢制成的刀极其昂贵。例如，东汉时期的一把著名钢剑的价钱，在当时可以用来购买供七个人吃两年九个月的粮食。而且用百炼钢制作刀剑费时费力，三国时，曹操命人制作名为“百辟刀”的五把宝刀，就花了三年的时间才完成。

后来，两种更新的生铁炼钢技术——炒钢和灌钢突破了这个限制。炒钢的原料是生铁，是把生铁烧到液态或半液态，在熔炉

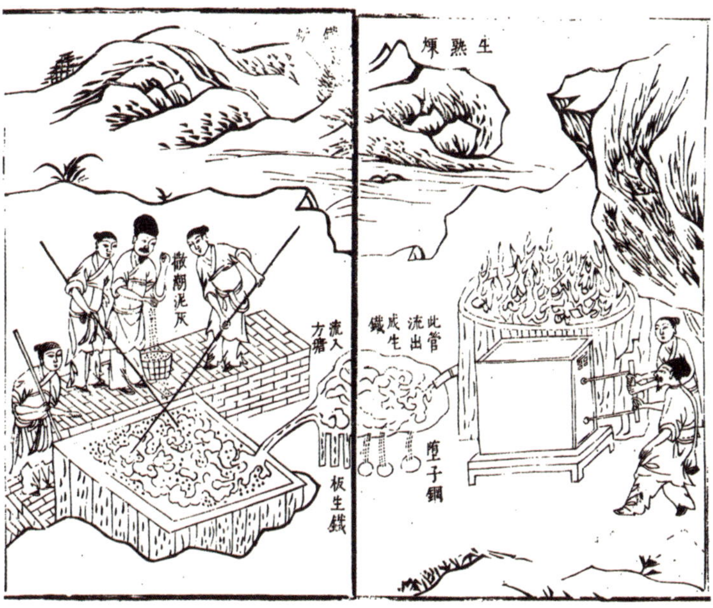

炒钢示意图（明代《天工开物》）

中搅拌，利用鼓风或撒入精矿粉等方法，借空气中的氧气，令硅、锰、碳等杂质氧化，将含碳量降低，从而得到钢。由于要在冶炼过程中不断地搅拌，所以这一方法被称为炒钢。

北齐的綦（qí）毋怀文是古代少见的留名留姓的冶金大师，因为他发明了更为先进的灌钢法。据史书记载，綦毋怀文的炼钢方法是："烧生铁精，以重柔铤（dìng），数宿则成钢"，具体操作是先把熟铁料放到炉里鼓风加热，然后把生铁的一端斜放到炉口加热。当炉温达到1300摄氏度左右时，炉口的生铁不断熔滴成液态，熟铁料也开始软化。用钳子钳住生铁块，使铁水均匀地浇淋到熟铁料上。浇淋完毕后，停止鼓风，夹出钢团，反复锻打去除杂质，最终得到高质量的钢。一般要浇淋两次，让生铁和熟铁"宿"在一起，所以炼出的钢也被称为"宿铁"。

水火相激为淬。淬火是炼钢过程中的一个重要环节，是将金属加热到一定温度后迅速冷却，以增加金属硬度和强度的方法。在炼钢的过程中要淬火几次，在什么时候淬火，都是由经验丰富的工匠根据钢的种类和用途来决定的。长期以来，人们多是用水作为炼钢淬火的冷却物质。三国时期，制刀能手蒲元等人已经意识到，用不同的水作为淬火的冷却介质，会影响钢刀的品质。后来，綦毋怀文大胆假设，在制作宿铁刀时，先后用动物尿液和油脂来代替水，结果，效果竟出奇地好。先在冷却速度快的动物尿液中淬火，然后在冷却速度慢的动物油脂中淬火，这样可以得到性能很好的钢。

古人在炼铜炼铁中积累的技术自然也促进了其他金属的冶炼。各种动辄几万斤甚至几十万斤的金属鼎、佛像，还有极其精巧的铜镜、金银饰品和金属微雕作品，全方位地展示着古人高超的冶炼、铸造和锻造水平。

指尖工坊

【千年不锈的古剑】

被誉为“中国古代兵器之王”的越王勾践剑，出土时插在木制剑鞘里，出鞘时寒光四射，仍然锋利无比。

这把采用复合金属铸造工艺制作的青铜剑，主要成分有铜、锡以及少量的铝、铁、镍、硫。这把剑剑刃的精磨技艺可以同现代在精密磨床上生产出的产品相媲美。专家们检测后发现，这把剑不同部位上铜和锡的比例也不一样。剑脊含铜较多，能使剑身韧性良好，不易折断；而刃部含锡量高、硬度大，能使剑更为锋利。

那这样的古剑为什么不生锈呢？经过总结，越王勾践剑历经千年不生锈的原因可能有以下几点：

首先，越王勾践剑中的铜含量约为80%~83%，锡含量约为16%~17%。这种高纯度的材料保证了剑的质量，使其具有较好的抗腐蚀性。

其次，剑身遍布的菱形暗格花纹是经过硫化处理而成的，这种处理方式不仅美观，硫化铜还能有效防止锈蚀，保持花纹的艳丽。

最后，越王勾践剑出土时位于墓主人的内棺当中，不仅带着剑鞘，而且墓葬处于含氧量比较少的土层，几乎与外界隔绝，形成了一种很好的保护。

木工家具

当生活离不开木头

家具是人类建造了房屋之后才诞生的。在这之前，日出而作、日落而息的祖先们打完猎回到自己的山洞或草棚后，生一堆火，准备一处平整、柔软的地方就可以过夜。最开始人们在地上铺的是兽皮、树叶，后来用的是树藤、芦苇和竹篾。这时的坐具和卧具并没有明显的分别，这些用不同材料做成的坐具和卧具被统称为席，家家户户都是“席地而坐”。

从跪坐到正坐

在商周时期贵族的日常生活中，祭祀、宴飨、征伐等礼仪活动是彰显贵族身份、地位、权力的重要场合。这些礼仪活动上使用的器物被称为礼器，自然要精心制作。当时有些礼器虽是青铜的材质，但已经和今天的家具很像了，比如“铜俎”，就是古代祭祀时用来切割和放置牛、羊等祭品的案子；“铜禁”则是放置酒器的台子。

西周夔纹铜禁

相比青铜合金，木头毕竟是更加便捷易得的材料。于是，从汉代开始，产生了用木头做的“榻”。不像现在的“床榻”泛指睡觉用的床，最初的榻只是一种坐具。早期的榻很矮，古人品茶、宴饮、聊天都在这种矮床上进行，汉代的壁画、画像砖上有很多以榻为中心的生活画面的记载。

榻

随着冶金、炼铁技术的进步，人们制作出丰富的加工器械和工具，例如用铁做的锯、斧、钻、凿、铲、刨等，这就大大提高了人们建造房屋、制作家具的水平。当人们将居住的空间划分成功能不同的各个区域，适应不同区域的各种不同用途的家具也就越来越多了。

当中原的祖先们席地而坐或坐在矮榻上的时候，北方的少数民族为适应游牧生活，已经发明出类似“马扎”的“胡床”。胡床是腿部交叉、可以合拢、便于携带的坐具，适用于战时行军、狩猎等许多场合。随着魏晋南北朝时期的民族大融合，像胡床、高凳、圆凳这样的高座家具逐渐传入中原。越来越多的人体会到，整个小腿垂直着的“垂足而坐”要比蜷在矮榻上或者“席地而坐”更舒服。到了宋代，基本上人们都像现在这样坐高椅子了。

在晚唐和五代十国时期，士大夫和名门望族热衷于豪华奢侈的生活，许多大型宴请及社交活动都有绘画高手加以记录，这就给今天的我们研究古代文人的生活提供了难得的图像资料。其中，五代十国时期南唐画家顾闳中笔下的《韩熙载夜宴图》就是一个很好的例子。这是一幅描绘官员韩熙载家设夜宴、载歌行乐的长卷，不仅写实性地记录了宴会上人们衣食、乐舞的细节，还清晰地展示了当时某些家具的使用情况。其中不仅有床、榻、桌、椅和坐墩，还有屏风、灯架、衣架、鼓架等，式样丰富。

胡床

要说中国古典家具的巅峰，就不得不提宋、明两代，不仅制式完备、造型优美、装饰考究，而且承载着古代文人雅士宁静恬适的生活观念和简洁素雅的审美追求。

经典的明式家具

与木头为伴的良工巧匠

做家具是一项专业性很强的技能，属于细木工活。普通人勉强自制个小板凳，好看精巧的桌椅柜子还是得请专业的木匠来完成。

在古代社会，一直有着“士农工商”的分类，手工艺人固然重要，但他们的社会地位一直以来都不算高。在元代和明代，木匠跟其他手工艺人一样，有所谓的“匠籍”，凡被编入匠籍的工匠，就被打上了世代承袭的烙印，家中每一代都要有人传承这个手艺，以确保官府、军队、贵族的工场或作坊里随时有足够的工匠干活。

匠籍制度一直到清代顺治二年才取消，在这之后，木匠成为一个相对自由的职业选择。不过，俗话说：“三年学徒，五年半足，七年才能成师傅。”木匠这门手艺，不仅包括木作的各种制作技能，还包括在尺度、样式、颜色等方面的施业规矩，所以没个三五年是学不成的。想要拜师学做木匠活也是有规矩的。一般是经中间人向师傅说合，写拜师帖或门生帖，然后再择吉日，向老师行拜师礼。

徒弟入门后，并不是直接学习，而是先干担水、扫地这样的杂活，慢慢地可以给师傅打下手，帮着拉锯、磨刨刃、锉锯。干上一年左右，师傅才会让徒弟跟着学推刨子、凿眼儿等基本的手艺，然后逐步地教用锛、抡斧、打线、开料……当徒弟把各种工具用熟，把各种口诀记熟，手艺也就基本学到手了。待学成出师，徒弟还要向师傅行出师礼，以感谢多年的悉心传授。

所谓“严师出高徒”，想要学成出师，总是离不开师傅的严格管教。什么刨子推不平、拉锯跑歪了、砍斧过了头……不够勤快和细心的徒弟总是会遭到师傅的责骂甚至责罚。但“师傅领进门，学艺在个人”，要想成为一名良工巧匠，除了师承优秀，更要靠徒弟自己的用心和努力。

无须一根钉子的智慧

古代家具基本以木为材，如何将单个的木板、木条拼接起来成为一个稳固的整体，是木匠们要解决的主要问题。不过，这个问题早在七千多年前的河姆渡时期就被我们的祖先解决了。他们发明了利用接头部分的凹凸设计来连接木头或砖瓦部件的方法，这就是榫卯工艺。在不使用一根钉子的情况下，我国古代的木家具、砖石建筑仍然非常结实耐用，可以使用上千年而稳固如初，成为令全世界都为之叹服的奇迹。

在榫卯结构中，凸出来的被称为榫头，凹进去的被称为卯眼

（有时也叫榫眼或榫槽）。按照互相匹配的高低长短分别做出榫头和卯眼，然后扣在一起，原本分散的木头就会牢固相握，甚至上千年不分离。榫卯就像是木头们的生命纽带，让一件件家具拥有了足以抵抗岁月侵蚀的内力。

以明代的红木家具为例，一件家具从木料到成型，至少需要以下几个程序：选料、开料、烘干、刨料、开榫、组装、打磨、上蜡和上漆。其中，出现在不同部件结合位置的榫卯结构就成了家具制作工艺里的关键。判断一件家具的好坏、一个木匠手艺的高低，其中一条重要的标准就是看榫卯工艺做得怎么样。

著名家具研究专家王世襄先生在《明式家具研究》中将家具的接合分为四类：基本接合、腿足与上部构件的结合、腿足与下部构件的结合、另加的榫销，由此衍生出多种榫卯造法的分类。常见的榫卯造法繁复多样，超过一百种。比较经典的有燕尾榫、夹头榫、插肩榫、龙凤榫等。王世襄先生说："鲁班馆的老匠师如石惠、李建元、祖连朋等都曾谈到，即使从事家具修理已几十年，仍会偶然发现某一榫卯或它的某一局部造法是从来没有见过的。"

燕尾榫在我国古代家具中很常见，主要用于两块平板在直角处的相接。由于榫头是梯台形，外大里小，形状像是飞燕的尾巴，所以被称为燕尾。梯台形的榫头可以防止两个面受到拉力时脱开，保持两块板子的紧密相扣。

燕尾榫

夹头榫和插肩榫也是案桌等木家具上的常见结构，一般是用来连接腿足与上部桌案的。在结构上，夹头榫和插肩榫有些相似，都由腿足、牙条和桌案底面相接，不过夹头榫比插肩榫多了用来增加稳定性的牙头，腿足和牙条的接合方式也不像插肩榫那样是斜肩式的，而是在腿足上端开口，将牙条与牙头夹住。

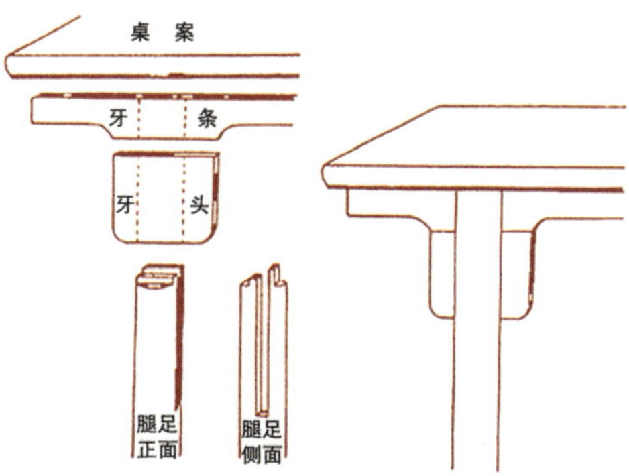

夹头榫

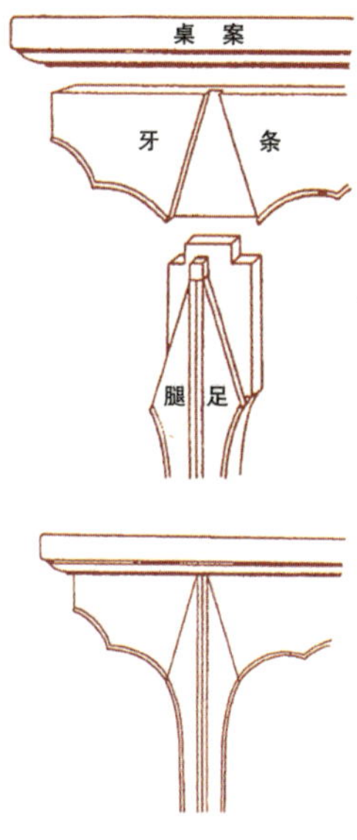

插肩榫

以上的榫卯结构连接的都是平平直直的部件，如果遇上像圈椅靠背、扶手这样的圆弧形部件该怎么解决呢？如果用柳

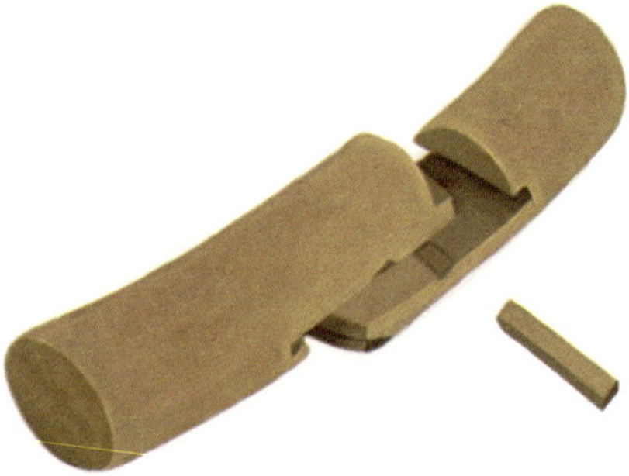

楔钉榫

木这种韧性较好的木材，可以用加热的方式揻弯。可是很多古代家具用的都是黄花梨、紫檀等硬木，质地坚硬，没办法揻成一整个椅圈。这时，就用到了楔钉榫。

楔钉榫，是专门用来连接像圈椅扶手这样的弧形弯材的，一个完整的椅圈可以由三段或五段较短的弯材嵌接而成。先把弧形材料的一端截割成带凸榫的、可以上下交搭在一起的榫头，两片榫头嵌接在一起后，再在榫头中部插入横截面为平行四边形的楔钉。就像天冷的时候，人们将两只手揣进袖口里取暖，再给袖口加上一个锁扣似的，楔钉就是起到锁扣的作用。这个细长的小木段一边稍粗、一边稍细，两片榫头各开有一条尺寸契合的槽口，使得楔钉从孔位钉入后，两段材料便能牢牢地锁扣在一起。

圈椅

榫卯结构种类繁多，随机挑选

其中的任意一种细细分析，都会引发我们对于古人智慧与巧思的惊叹。在开榫凿卯时，必须做到精准无误、分毫不差，才能使木材紧密连接，并且在上下、左右各个方向上都不会错移。良工巧匠们深谙各种木材的特性和各种家具的受力结构，让一个个木件在榫卯的帮助下有机组合，你穿着我，我咬着你，达到一种力与美的平衡。

此外，古代家具和建筑中的榫卯结构，还蕴含着阴阳互补、相合而生的哲学思考，以及先祖们顺应木材本质而制作的智慧。所以，中国传统的木家具，不仅体现着能工巧匠的巧思和匠心，还凝聚着中华传统文化的精粹，是集力学、美学、哲学于一身的中华智慧的结晶。

指尖工坊

鲁班和木工工具

鲁班是春秋时期鲁国人，根据史料中的记载，鲁班有过各种各样的发明。木工师傅用的不少工具，如锯子、刨子、曲尺，还有用来弹线的墨斗，相传都是鲁班发明的。所以鲁班也被尊为中国土木工匠的“祖师爷”，流传了五六百年的记录房屋营造、家具制作等内容的木工营造专著《鲁班经》也是以他的名字命名的。

一个木匠所用的基本工具大概有如下几种，每种又有大大小小各种规格和尺寸。

斧头：用来劈开木材，砍削平直木料。

刨子：更细致地刨平、修饰木料表面，有各种规格和用途。

凿子：用于凿孔和开槽，大小不一。

锯子：带齿的锯条，使用时来回拉动，用来开料和切断木料。

牵钻：利用成直角的两根木棒，前后拉动以绞绳钻孔。

墨斗：用弹线的方式来画出直线，或用来校准是否垂直与平整。

鲁班尺：丈量或校正角度，也用于求得与吉利有关的刻度。

锯子

牵钻

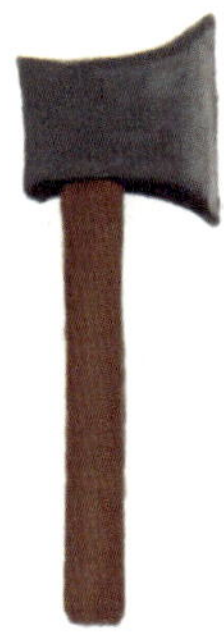

斧头

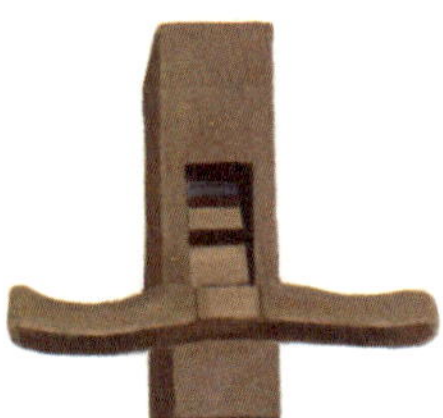

刨子

凿子

鲁班尺

墨斗

农耕工具

耕种田地的好帮手

在农业社会，绝大部分人的职业都是农民，擅长种各种粮食、蔬菜和水果。

现在，很多人生活在看不到农田甚至土地的城市里，每天与电脑和手机为伴，但城市居民吃穿的基础，仍然离不开农业。正是大量辛勤的农业劳动者养活了上亿的城市人口，为手工业、商业的发展提供了原材料等物质基础。

中国的农业历史悠久，最早可以追溯到新石器时代。那时没有现代化的工业机器，只有想办法利用自然材料制作工具。在各种历史和科普读物中，提到人类与现代类人猿的重要区别就是人能制造并使用工具，而农耕工具的发展，也是提高农耕效率、促进农业发展的重要动力。如果有一天我们穿越到原始社会怎么办？千万别绝望，可以从制作打猎、播种和收割的工具开始，慢慢地创造出人类文明。

从木棒、石块开始的农具发展史

人类最早的工具都是依据用力的方式制造出来的。不像现在的生活用品都经过前期的构思与造型设计，当时的人类能捡到的只有石头、木棒、蚌壳、兽角等，所以什么能用就用什么，怎么顺手就怎么用。比如木棒和鹿角，向前“刺”更顺手；石斧、石刀和蚌刀，更适合向下用力，用来“斫（zhuó）”“劈”或“砍”，还可以结合木柄，用石头、蚌壳做成最早的可以“割”的刀。在种植水稻、麦子之前，人类已经用这些工具来采集野生果实或与野兽搏斗了。最初的农业是从播种和收割这两项工作开始的，人们发现，原有的工具能直接用。后来，人们发现给农作物除草、浇水能得到更好的收成，收割的时候有些工具的效率更高，一些荒地经过开垦也能种庄稼，各种耕作上的需求促使真正意义上的农具陆续出现。

铁带来的巨大改变

最早的正式农具是用来翻土的耒耜（lěi sì），更准确地说，是耒和耜。耒先于耜出现，是最早的农具，与农耕有关的许多汉字，如耙、耘、耱等都是以它为偏旁。最初的耒只是一头尖尖的曲柄木棍。后来，人们将一个尖头改为两个，并且在木棍的下端加了一条横木。脚踩在横木上加力比纯用手力往下压有劲多了，可以更深地刺入土地。再后来，人们发现，把横木下端尖头的部分改成扁形的，或者干脆绑上一块打磨过的石块、兽骨或蚌壳

耒和耜

便能翻起更多的土，这样改良后的耒就是耜。最初的农具都像耒耜这样取材于大自然，而且经常根据劳动的需要修修改改，所以从如今的出土文物来看，早期的农具都不是固定规格的，大小、样式和材料各有不同。

原始社会的农业主要使用木制和石制工具，到了商周时期，出现了青铜农具，不过，由于青铜器的冶炼成本比较高，所以青铜农具的使用范围十分有限。随着冶铁技术的进步，春秋时期已经出现了铁农具，到了战国时期，铁农具已经十分普及了。铁农具坚硬耐用，大大提高了生产效率，人们可以大面积地开垦农田，农业发展向前迈了一大步。

从考古学家发掘的实物看，春秋战国时期使用的铁犁头呈V字形，大大减少了耕地时的阻力；铁做的锸（chā）比耜更接近今天的铁锹，大大增加了翻

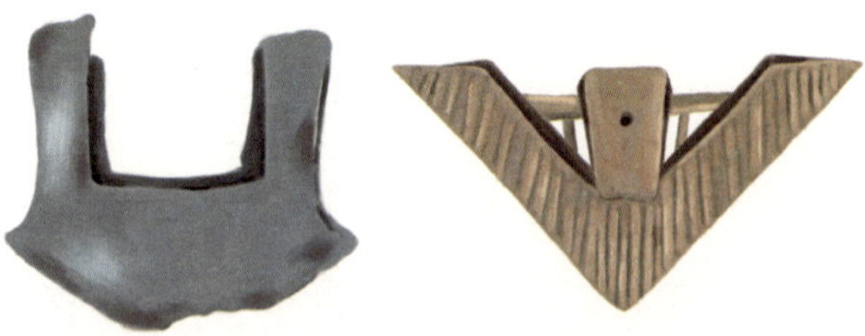

铁锸和铁耨

土深度；铁耨（nòu）则大大增加了除草、松土和培土的效率。从这些农具来看，当时的农耕技术已经非常专业了。

把水引到田里去

如果把农活简单地分为耕种、收割、加工三个阶段，耕种阶段除了需要翻土、挖土和除草，还有一个重要的环节就是灌溉。

桔槔（jié gāo）就是一种古老的用来汲水灌溉的工具。桔槔也叫“吊杆”或“称杆”，是利用杠杆的原理，将一条横木支在木架上，一端挂着汲水的木桶，一端挂着重物。当水桶里装满水，借助横木另一端的重物，即便是老人，也可以轻松地从幽深的水井中提出重重的水桶。由于这种汲水方式既简单又省力，所以自春秋时期被普遍使用以来，桔槔被中国人使用了几千年。直到今

桔槔

翻车（龙骨水车）

天，在一些地方仍能看到这种古老的灌溉工程。

除了利用杠杆，古时人们还发明了利用轮轴来汲水的辘轳。到了唐宋时期，人们利用链轮传动原理和叶轮原理，以水力、风力、人力或畜力为动力，做出了“翻车”和“筒车”这两种取水装置。翻车装有像拉链一样的带刮板的龙骨，筒车则像巨型车轮，它们都能把水从地势较低的河流、水塘，引到离水源有一定距离的田地里。在缺水干旱的时候，翻车和筒车就是农民的守护神。

筒车

如果没有水井，地形也不合适装水车，旧时的农民也会用最原始的戽斗（hù dǒu）运水。戽斗用竹篾、藤条等编织而成，两侧

由两人操作的戽斗（明代《农政全书》）

用绳子拴牢，使用时要靠两人一人一边牵拉绳子将水拖上岸倒进田里，非常辛苦。也有一些地方将戽斗做成簸箕形，绑在杆上，供一人操作。

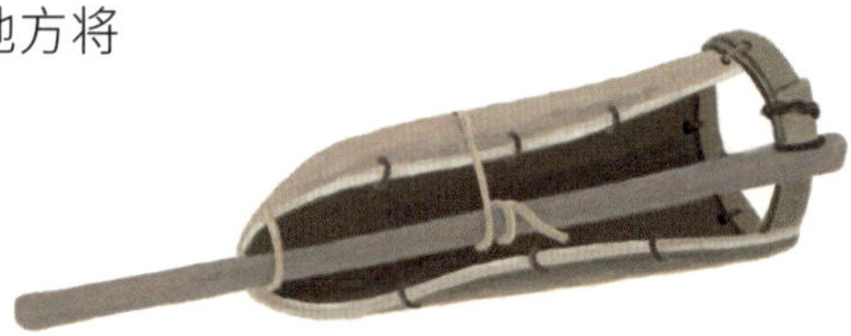

一人即可操作的戽斗

人、牛、犁谱成的田园牧歌

在铁农具发明之后，机械耕地普及之前，耕牛一直是中国几千年农耕文明史中的功臣。

在使用耒耜的过程中，人们发现，相比直直地插入土地，斜着插入土地时，翻土的效果似乎更好。于是，人们尝试着将耒耜的尖头直接装在曲柄上，这样推手柄时，就能让尖头一直以斜插的角度，向前拖行破土，这便是犁最初的演变过程。以人力拉犁真是很辛苦，于是人们想到了性格温驯的牛，用牛来耕地似乎也成了顺其自然的事。不过牛不会聪明到自己拖着犁往前走，于是，人们从马车的套驾方式上得到启发，设计出结构更为复杂的犁架。后来，人们还将播种装置与犁结合起来，发明了耧（lóu）车。作为播种机的始祖，耧车能把犁地与播种这两个流程合并到一起，省时省力。

牛耕让大面积的土地开垦和精耕细作成为可能，从已出土的汉代画像石来看，画有农夫、耕牛和犁的牛耕图就有十几幅。例如，从陕西绥德出土的东汉时期的一幅画像砖上，我们可以看到并列行进的两头牛，它们肌肉结实，背上架着一根横木，共同挽着一架犁。牛的前头并没有牵引的人，说明这两头牛已经非常听话，完全接受田间的工作。扶犁的农夫梳着发髻，身高力健，一手扶犁，一手扬鞭，可以想象他脚下新翻的泥土正散发出清香。农夫身后还有一位拎着布袋的小童，似乎正掏出种子播种。这一幕便是几千年来最经典的农耕场景。

牛耕图画像石

让每粒粮食都回家

在原始农业阶段，当谷物成熟，农民一般是直接用手把谷粒捋下来。由于那时候种子的纯度不高，田中杂草丛生，很难统一收割，手捋脱粒反而能挑出好谷粒，是比较有效的方法。

随着农业的发展和种植面积的扩大，人们发明出连枷（jiā）、稻簟（diàn）、稻床、稻桶等脱粒工具。这些工具的原理各不相同，有些是用来击打、碾压谷穗的，比如连枷；有些则是将一小捆谷物举起后往工具上用力惯打，比如稻床、稻桶。

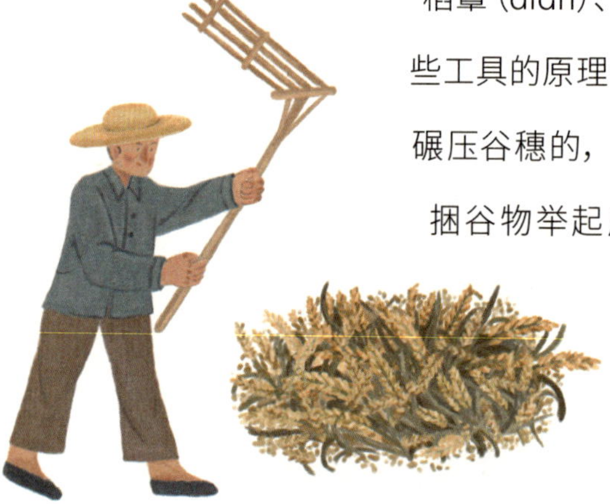

连枷

连枷由一个长柄和一组平排的竹条或木条构成，像一个大大的双节棍。农民上下挥动长柄，使平排的竹条或木条成为绕轴转动的敲杆，连续拍打谷物，就能使谷粒脱出。

稻桶，也叫禾桶。打稻时，农民握住稻秆或麦秆的一端，用劲将稻穗或麦穗摔打在稻桶的桶壁上，完成脱粒。有些地方的稻桶内部还置有稻桶梯或桶床，以提高脱粒的效率。

稻桶

脱粒完成后再晒干，农民们便得到了一季的收成，做到了“颗粒归仓”，喜悦满满。

指尖工坊

关于犁的人体工程学

大约从商代起，中国人就开始用犁耕地了。不过千百年来，犁的形态发生过一次重要的变化。在唐代以前，人们使用的都是像前文《牛耕图》里的那种直辕犁。但直辕犁在面积不大的耕地里来回掉头时不够灵活，翻土的效率也不够高。直到唐代后期，江南的农民在长期的生产实践中将犁的结构做了改良，发明了曲辕犁。

首先，撤去架在牛身上的横杆，将牛与犁的连接点改在牛的后方，并且在犁头上安装了可以转向的犁盘，再将犁把改长。这样，曲辕犁使用起来更加稳定、轻便，扶犁的人不用一直弯着腰，控制回转时也更加灵活了。

其次，设置可以控制犁铲入土深度的犁评和犁建，令耕地的深浅变得可以调节，以适应农作物深耕或浅耕的不同需求。

最后，曲辕犁在犁铲上方加了一个犁壁，在行进过程中，犁铲带起的土顺着犁壁就被推到了两侧，这样的设计减少了行进时的阻力，还能帮助翻覆土块。

由于曲辕犁结构完善，轻便省力，很快便被推广到全国各地，并且历经宋、元、明、清各代，一直沿用至今。

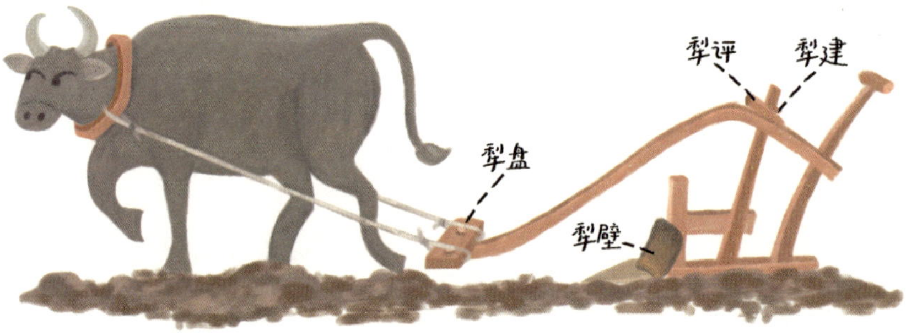

曲辕犁

粮食加工与储藏

仓廪实而不慌张

在古代，主要靠人力或者牛马等提供的畜力来维持农业生产，每年能把粮食从田地里收回家就已经非常不容易了，在那个还没有蔬菜大棚和反季节蔬菜的时代，各种谷物蔬果都有季节性，都有其生长和采收的时间。在没有冷冻仓库的条件下，要保障一年四季都有食物可吃，除了要搞清楚各种农作物的耕种时间，还要学会对粮食进行加工和储存，尽量延缓食物的变质。

一旦遇到干旱、火灾等天灾，农民们可能会颗粒无收，这时就得靠之前储藏的粮食来渡过难关。所以对一个国家来说，有足够全国人民应对自然灾害或其他突发事件的粮食储备，才有应付危机的能力。

捣一捣，碾一碾，磨一磨

水稻、小麦等谷物的籽实一般是长在谷穗上，将谷穗脱粒后，稻谷、麦粒等还带着一层壳，没法儿直接食用。原始时期的人们是怎么去掉这层皮壳的呢？用石头。准确地说，是用石头做成的各种去壳工具。

石磨盘和石磨棒

最简单的是石磨盘。把谷

粒放在一块平整的石块上，用另一个石块或一根圆柱形的石棒来回摩擦或搓擦，谷壳受到压力破碎便能露出糙米、麦仁等可食用的部分。等有风的时候，将磨过或搓过的谷粒拿到谷场上向上抛洒，轻碎的谷壳就会被风吹远，重量大一些的糙米、麦仁等则会迅速落下。

但石磨盘这样的工具效率还是有点儿低，于是，人们又发明了杵臼（chǔ jiù）。杵臼的制作方式在古书中有简单的记载：“断木为杵，掘地为臼。臼杵之利，万民以济。”截出一根长度合适的木头，再在地上挖个坑，就构成了最初的杵臼。但我们应该考虑到，这个坑肯定不是随便挖挖那么简单，而是应该选择土质较硬的地方，或是要对土坑做一番处理，比如将坑底和坑壁打实、打紧，甚至用柴火高温烧一下，使其变得更加坚硬。将带壳的谷物放进臼里，用木杵轻轻捣，产生的摩擦力将谷壳磨破，从而使谷粒成功分离出来。后来，杵臼这一工具被沿用至今，陆续出现了石杵臼、

古代木制和石制的杵臼

铁杵臼，还有用玉石制成的专门用来研磨中草药的杵臼。

杵臼的进阶版本是碓（duì），由于碓臼多是石头做的，所以也叫石碓。给舂捣谷类的木杵连上杠杆，像跷跷板一样装在碓架上。舂米时，人站在石碓的另一头，脚踩踏板撬起杠杆，带着木杵高高扬起，然后放开脚，木杵就会猛地下落，撞击碓臼里的谷物。除了出力踩碓的人，还得有个掌碓人，这个人要胆大、心细、手快，时而要调整木杵的位置，免得落得不准，时而要翻动一下碓臼里的谷物，好让它们均匀受力。古代的劳动，大多需要几个人合力完成，所以少不了邻里乡亲的互相帮助，大家伙儿协作劳动的场面非常温馨。

杵臼能加工的谷物数量有限，为了给大量谷物脱壳，人们制造了石碾。地上放一个直径2米到5米不等的圆形碾盘，表面往往做得不平整以增加摩擦力，中心立一根粗木桩，用来拴石滚子。石滚子是一块巨大的圆柱形石头，表面也是粗糙不平的，石滚子中间穿着一根铁棍或木棍，棍子的一头连着中心的木桩，另外一头则连着推动石滚子滚动的着力点。在碾盘上铺好谷物，再拉着石滚子绕着石碾中心不

石碓

停滚动，就能碾压谷物达到脱壳的效果。但石滚子很沉，往往需要一个人在后面推，一个人拴上绳子在前面拉。当然，很多地方都是让驴子或骡子来做这个力气活。这种大型的石碾一个村子往往只有一两个，各家各户轮流用。

石碾

随着工具的完备，人们能将食物加工得越来越精细。脱了壳的大米、小麦、小米、玉米、大豆等谷物还可以在进一步的研磨下，变成更细的粉状或糊状，接着被做成糕饼、粥、面、浆等各种形式的食物。长期以来，石磨一直是人们磨粉和磨浆的主要工具。据说，石磨的发明最早可以追溯到战国时期的鲁班。迄今为止，我国发掘出的最早的完整石磨来自距今约2100年的汉代。

石磨

石磨是由成对的圆石组成的，两块圆形的石头像月饼一样上下叠在一起，摞在石制或木制的磨盘上。两块圆石的接触面上凿有上下吻合的磨齿，上方的圆石上有磨眼。推磨的时候，上方的磨石转动，下方的磨石纹丝不动，产生巨大的摩擦力，把从磨眼漏下来的粮食磨碎。石磨的尺寸不一，有直径超过一米的大磨，需要借助马或骡子才能拉动，十几分钟就能磨好几十斤的粮食；也有直径三四十厘米的小磨，可以用来磨芝麻、花椒、辣椒等，一个人就能转动。为了磨出更精细的口粮，有时需要将粮食放进石磨磨上两三遍，很耗费时间。

借助水和风的力量

发明了杵臼、石碾、石磨这样的工具后，古人又在省力这件事上动脑筋。除了借用畜力还能借什么力呢？这时，日夜奔腾的流水提供了绝佳的灵感。汉代，生活在溪流江河附近的农民发明出利用水力带动轮轴，从而代替人力去舂捣谷物的水碓。后来，西晋时期的将领杜预又发明了可以以一个大水轮驱动多个碓杆同时工作的连机碓。据文献记载，西晋时期的著名富豪石崇，家中就有三十多个水碓。

水碓既可以用来给谷物脱壳，也可以用来捣碎脱壳后的谷物。那进一步研磨呢？人们也想到了水力。晋代，人们发明出以水轮带动磨盘转动的水磨和连机磨。当然，对于不便采用水力的家庭来说，牛、马、驴、骡等牲畜仍然是牵动石碾、石磨的主力。

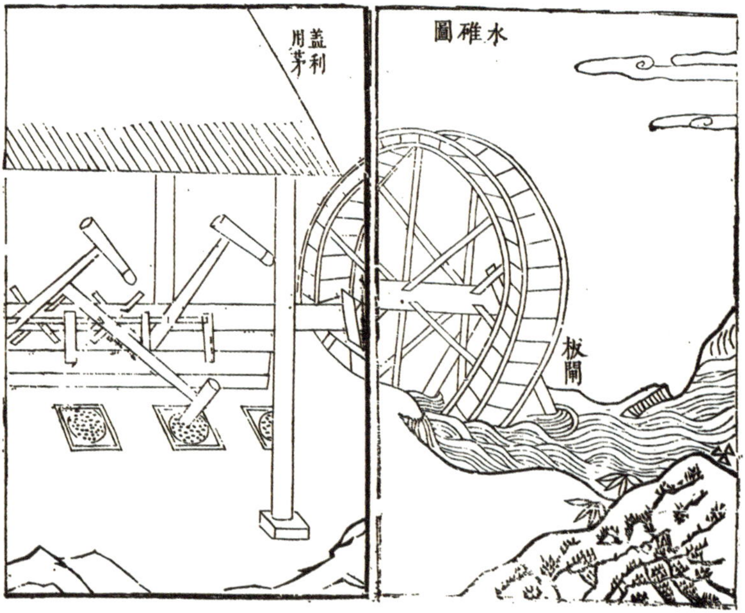

水碓（明代《天工开物》）

那么，给谷物去壳后，怎么筛选出可食用的部分，同时去除米糠等谷皮、碎屑或杂质呢？这时候，人们想到了借助风的力量。最原始的办法是靠自然风力，例如，人们用竹篾编织成的簸箕盛起稻壳和米粒的混合物，举到一定高度后迎着风颠簸。稻壳轻，在下落的过程中被风吹得更远；米粒较重，落地的位置更近。于是就形成了一近一远两堆。人们在谷场上用木锨（xiān）等工具扬起刚打下来的谷物，去除其中的碎叶、谷壳等杂质，利用的也是这个原理。

木锨

后来，人们发明了更厉害的工具——风谷车（又称风鼓车、风柜、扇车或扬谷扇车），无论是为晒好的谷物去除杂质和瘪壳，还是为舂好的米粒去除糠屑，都可以用到这件历史悠久的农具。最早的风谷车可以追溯到汉代，那时的风谷车有开放式的、半敞式的还有封闭式的。由于封闭式的风谷车设计了封闭的出风口，产生的气流更集中，所以成为沿用至今的主流款式。封闭式的风谷车远远看去就像一匹站立的“木马”，“马背”上有一个入料口，用来放待加工的粗料，入口底部有隔板，可以调节往下输送原料的速度。“马肚子”里装的是木制的叶轮，转动外面的摇柄就可以控制叶轮的转动，转得越快风力就越大。“马肚子”下方和侧方各有一个出口，下方是出粮口，饱满的谷粒在重力的作用下从此流出；侧面的“马尾”处是敞开的出风口，较轻的谷糠或杂质会随风一起从此处飘出。

操作这台“木马”往往需要两个人密切配合。一个人摇动摇柄，使得叶轮转动起风，一个人调节原料入口的大小，并让谷物从入料口里落下来。如果摇得太快或太猛，会导致风力太大，把一些饱满的谷粒也扇出去；如果摇得太慢，就会导致风力微弱，秕谷、糠皮等就扇不干净，有经验的农民都熟练地掌握着一套根据不同谷物调节输料速度和风力的方法。

风谷车综合利用了流体力学、惯性、杠杆等原理，可以人为地制造出空气的持续流动，在现代化的农具发明之前，一直是机械化程度最高的农具。现在，有了现代化的电动碾米机、磨粉机，

风谷车

我们可以非常方便地分离米粒和米糠、面粉和麦麸，曾在农业生产中占重要地位的风谷车也就逐渐退出了历史舞台。

古人的储粮智慧

无论是为了储存当年的余粮，还是为了应对可能发生的战争或自然灾害，都有必要掌握粮食的储存方法。

远古时期，最简易的方法是将粮食存在地窖里。早在新石器时代，人们就有了将多余的粮食和肉存放起来的习惯。在距今约六千年前的半坡遗址中，考古学家发现了大大小小两百多座窖穴，在其中一个口袋形的窖穴内，还堆积着粮食腐朽后形成的谷灰，厚度有十几厘米。而且，那个时期的人们，已经知道要在窖穴内壁和底部涂抹黄土或者草拌泥，然后用火烘烤，使其更加干燥。

经过历代的积累，中国人窖藏粮食的技术已经发展到炉火纯青的地步。1971年，考古学家对唐代的国家粮仓——含嘉仓遗址进行考古发掘时，就有一项足以让全世界惊奇的发现：在其中一个仓窖里竟然还有满满一仓粮食，而且里面的粮食经过了一千三百多年，仍然粒粒分明。考古人员用专门的仪器对粮仓内的粮食进行检测，发现还有一半以上的粟米没有炭化，仍然是有机物。考古人员将一些粟米颗粒带回实验室，没想到，在接触了正常的空气后，这些时隔千百年的粟米在第三天竟然长出了新芽！

之所以能让存放千年的粮食仍然葆有生机，除了因为含嘉仓本身地势较高、土质干燥，更因为人们在储粮时，在密闭和除湿上做到了极致。首先，挖好窖坑后，古人会先夯实底部，然后用火把整个粮窖内部烘干。接着，把草木灰摊在窖底，上面铺上木板，木板之上再铺草席，草席上再均匀撒上谷糠，随后再铺一层席子。窖壁也是用这种“席子夹糠”的方法铺好。

在往窖坑里倒粮食的时候，古人也采取了同样的办法：一层草席、一层粮食，一层层地摞到接近窖顶时，再用“席子夹糠”的方法覆盖粮食，最后封上土石。这样，整个窖坑犹如一个巨大的密封箱，将粮食与外部环境最大限度地隔离开来，使粮窖内部保持一个恒温恒湿的环境，从而延长粮食的保存时间。

地下窑穴和密封储粮的方法颇具智慧，所以被沿用了几千年。如今，在我国北方的一些农村中仍然能看到人们在冬季用类似的地窖来储存粮食和蔬菜。

考虑到地下空间仍有一定的局限性，于是最早从商朝开始，人们就开始修建地面上的粮仓。在古文中，常常用“囷（qūn）京”和“仓廪（lǐn）”这两个词来代指粮仓，尤其是地面上的粮仓，但实际上囷、京、仓、廪这几个字的含义存在一些差异。

囷，是指顶部有伞形盖顶的圆筒形粮仓。在洛阳偃师的商城遗址，人们就发现了23座直径在10米左右的圆形建筑基址。考古学家们认为，这就是距今约三千六百年左右的囷仓遗址。而关于京，学者们并未有统一的说法，有学者认为京指的是方形的干栏式粮仓，也有学者认为京也是圆筒形的，只是比囷更高大。

可以确定的是，仓和廪都是方形的。关于仓和廪的分别，文献中有记载："谷藏曰仓，米藏曰廪"，所以，有一种说法是：仓是用来储存未舂之谷的，廪则是用来存放已舂之米的。相比带壳的谷物，脱壳后的米对储存环境的要求更高，所以在设计上，廪往往比仓更小巧和讲究，而仓一般至少是两层的重檐大型建筑。

要想长久地储存粮食，除了要注意控制温度和湿度，还要防止粮食被鼠咬、鸟啄和虫蛀。对于地上粮仓，古人们总结了"上开口、中开门、下离地"的修筑经验，同时精心设计排水的沟渠，以保持粮仓内部的透气和干燥。此外，为了防止粮食被鼠咬，古人会在一些粮仓的底部架空层养猫；为了防止粮食被鸟啄，古人用竹篾编成网，隔在粮仓的风窗上进行防护；对于虫蛀问题，古人还会制定专门的规定，例如：发现粮堆上有小虫，应重新堆积，防止谷物败坏。

囷的模型

京的模型

廪的模型

虽然粮仓的形式和规模在发生变化，但人们对粮食生产与仓储的重视一直没变。为了增强抵御天灾、应对战争的能力，古代统治者需要在丰收之年将粮食储存以来，以备歉年时调拨赈灾，战争时做到“兵马未动，粮草先行”。同时，国家还能通过控制粮食的供应和需求平衡粮价，稳定市场秩序。所以，最早从西周开始，统治者们不仅会建造大型的国家粮仓或粮仓群，还会编写相关的律法、设立专门的官员，建立起非常完备的粮食仓储制度。

《管子·牧民》开篇就有：“凡有地牧民者，务在四时，守在仓廪。……仓廪实，则知礼节；衣食足，则知荣辱。”可见，粮仓与国家的命运息息相关，粮食对于国家的发展举足轻重。只有保证粮食充足，国家才能稳定，人民的心中才有生活的底气。

指尖工坊

“天下第一粮仓”的变迁

隋朝的洛口仓曾是古代著名的国家粮仓之一，它兴建于公元606年，位置靠近黄河、洛河和大运河，有水路运输之便。而且，粮仓建在高出河岸70多米的一片黄土塬上，不仅有利于防止内涝，而且黄土干燥厚实，有助于粮食的长久储存。鼎盛时期的洛口仓共有三千个粮窖，设官兵千人驻守，是当时最大的粮仓。

隋朝末年，以瓦岗军为代表的农民起义军奇袭洛口仓后，干脆驻扎在此，开仓放粮。数月后，瓦岗军迅速发展，从万余人猛增至二三十万人。后来，瓦岗军干脆在洛口筑城，将此地作为自己的根据地。

虽然瓦岗军的起义没能成功，但后来的统治者李世民通过这一事件看到了将粮仓建在城外的弊端，他决定在洛阳城内建立粮仓，以免重蹈当年隋朝统治者的覆辙。这个被李世民精心规划地理位置的粮仓就是唐代的含嘉仓。后来，含嘉仓逐渐取代洛口仓，成为中国古代最大的粮仓。

厨房炉灶

穿越千年的烟火气

“灶”这个字，由一个“火”和一个“土”组成，刚好符合“灶”的来历：在土地上点一堆火，就是最原始的灶。当人类学会了用火烹煮食物，便再也不像以前那样吃生肉了。人们发现，兔子野猪烤一烤，大鱼大虾烧一烧，谷子豆子煮一煮，不仅更好吃，而且更宜消化，更有益健康。我国第一部语源学著作《释名》中曾有解释：“灶，造也，创造食物也。”从古至今，人们设计和制作出不同的灶具和厨具，用不同的烹调方法加工出各式各样的食物，将小厨房变成一方大大的创造天地。

从火塘和石烹开始

最早的房屋里可没有像现在这样的独立厨房，在房子的某个位置挖一个坑就能开始做饭，这样专门用来烧火做饭的坑就是火塘。最初的烹饪方法也很简单，用湿泥土包裹好食物，再丢进火堆中烧一烧就可以，而泥土能保护食物不被烧焦。这种原始的方

法曾被称为“炮”（páo）——“炮，裹烧之也”，现在的“叫花鸡”“竹筒饭”等用的也是这种做法。还有一种原始方法是“石烹”，把表面平整的石板放在火堆上加热烧透，再在上面煎烤食物，或者将石头烧红，投进放有水和食物的陶罐或铺有兽皮的土坑中。往往要多次投放烧红的石头，才能使水沸腾从而煮熟食物。

火塘这种原始灶拥有惊人的生命力，如今在我国南方的一些少数民族家庭里，一家人仍会围绕着火塘生活，白天烧水、做饭，晚上取暖、聊天。

当原始社会的人们学会烧陶后，逐渐学会用石头或泥土垒砌成一个简易的灶台，甚至可以烧制一些单体的、可移动的小炉灶，浙江省博物馆内就展有一件出土于余姚河姆渡遗址的新石器时代的陶灶，这件陶灶的外形像个淘米盆，纵宽约50厘米，两侧还各有一个小托手。另一件新石器时代的代表性陶灶出土于河南仰韶遗址，现藏于中国国家博物馆。这件陶灶矮矮的，高度不足16厘米，上部开着圆口，下部是方形的、带足钉的平底，侧面开有一个上窄下宽的四边形灶门，这个灶门既是投柴

仰韶文化时期的单体陶灶

口又是通风口。出土时，这个陶灶的上方还有一个陶制的炊具，这种炊具在当时有特定的名字，叫“釜”，可以用来煮、炖、煎、炒等，和我们现在用的锅已经十分接近了。

画像砖中的汉代厨房

除了文物，在已出土的汉代画像砖中，也能看到许多古代灶具和炊具，而且，还能看到当时人们在厨房是怎么忙碌的：有掌勺的、烧火的、切菜的、端盘的、打水的，还有洗碗的、杀牛宰羊的、做豆腐的、做酒的，分工明确，井然有序。例如，下页这幅画像砖最上方悬空挂着的各种鱼、羊、猪头、野兔等，都体现出这是一户富裕之家。仔细看图中的炉

汉代的画像砖

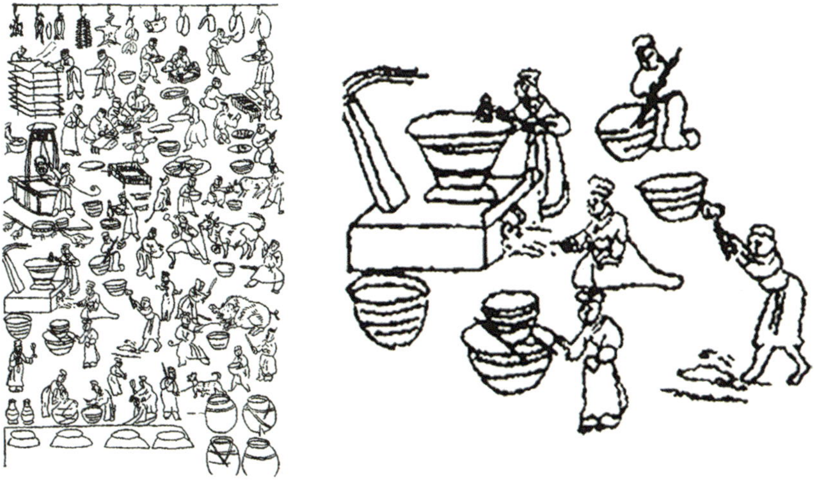

汉画像砖上的庖厨图及其局部放大图

灶，前面是火门，一人跪坐在灶前添柴，火苗旺旺的，他身后还有人在劈柴。灶台上是一口大锅或者蒸笼，灶台后方有专门的烟道，烟道上方飘出袅袅炊烟，令人仿佛置身于千年以前的生活场景，还能了解到当时的炉灶是怎么建造的。

从画像砖中我们可以看见，在汉代时，已经开始流行用砖或土坯垒砌成的长方形大灶台，这种灶台，相较之前的土灶进步了很多。灶台越大，烧柴火的“大肚子”，也就是灶膛越大，灶台内部的空气对流更顺畅，能使柴火充分燃烧，最大限度地利用热能。台面上还可以开好几个放置锅和罐子的口，这种口就叫灶

尖草坪汉墓出土的六眼圆头灶

眼儿。古代有单眼灶、二眼灶、三眼灶、四眼灶、五眼灶、六眼灶等。其中单眼灶、二眼灶和三眼灶比较常见，六眼灶十分稀少。目前仅在山西太原的尖草坪汉墓中发现过，该灶上置陶甑两个，陶釜四个，有大有小，布局科学合理，在火力最大的灶眼儿上放置甑，在火力较小的灶眼儿上放置釜，离灶门最远的灶眼儿是罐的位置。这口六眼灶应该是多人口的大家庭用的，可以同时炖、煮、炒、蒸。

袅袅炊烟的中国画面

很长一段时间，用石头或砖砌成的土灶台一直是中国老百姓烧火做饭的主要设施。最常见的土灶，差不多就是用砖砌成的四面立方体，一米多高，上面嵌一口或两口大铁锅。开有火门的一面墙有时要比其他三面高，这样可以挡住从灶膛里飞出来的炉灰。做饭通常需要两个人协作，大厨面向锅灶，做饭炒菜，另一个人坐在火门前，面向灶膛，负责往灶里添柴火，保证厨师得到

柴火灶

合适的火力。

这种有着上千年历史的柴火灶一直被中国人沿用到二十世纪，其间它的形态没有太大改变，只是在细节上稍有改动升级。比如，灶门边放置一个炭罐，可以将没烧尽的柴火放进罐内，或是密闭罐口熄灭炭火，留待下次再烧。也有北方地区将灶台与火炕连在一起，将烧火做饭的余热用于他处的烤火取暖，这样既提高了用火的安全性，又节约了能源。另外，人们还发明出专门用来添加柴火的工具——火钳。火钳是灶台必配的实用工具，由手柄、钳肩、钳臂组成。火钳像是延长了人的手臂，帮助

火钳

人们在添放木柴时不易被火灼伤，同时它还能轻松翻动灶膛内部的燃烧物，使木柴或炭充分燃烧。为了使灶内的燃料燃烧得更充分，人们还发明了风箱。烧火做饭时，可以拉动风箱鼓风助燃，使火力更猛，便于煎炒烹炸。

旧日里，带烟囱的柴火灶是家家户户的标配，直到二十世纪八九十年代，煤气、天然气等燃气灶陆续在中国普及。在短短几十年里，柴火灶等传统炉灶已经渐渐退出了历史舞台，但从炉灶里飘出袅袅炊烟的情景，已经印在了众多中国人的记忆中，成为代表浓浓乡愁的经典画面。

指尖工坊

【认一认古人的炊具】

在博物馆中，我们会看见许多古人使用的炊具和食具，但那些看起来和今天的锅、碗、罐子差不多的东西，大多有一个生僻的专业名称。学习一下，下次看到它们的时候争取一下子认出它们。

鼎

鼎：一种用青铜或陶做的煮食器，除了作为食器，在祭祀时也是非常重要的礼器。

甗（yǎn）：古代用来蒸食物的厨具，上部用来盛放食物的叫作甑，类似于现在的蒸屉，甑底是穿孔的箅（bì），以利于蒸汽通过。下部用来煮水的是鬲（gé），鬲多有中空的足，足间可以烧火加热。

甗

釜：圆底的罐子，必须安置在炉灶之上或是以其他物体支撑煮物。釜口是圆形的，可以用来煮、炖、煎、炒等，可视

釜

为现代“锅”的前身。

鬶（guī）：新石器时代的陶制炊具，有三个空心足，和三足的鬲很像，只是比鬲多了手柄和鸟嘴形状的引流口。

鬶

斝

斝（jiǎ）：古代用来温酒的酒器，也被用作礼器，通常用青铜铸造。有三足和一鋬（pàn）——器物上用作手提的部分，器口的边缘有两根小柱。

造纸和印刷

将知识变成海洋

造纸术和活字印刷术都属于古代中国的四大发明。中国人发明了许多东西，为什么这两样可以排进前四呢？因为它们大大促进了知识的传播，令读书识字不再是少数人掌握的能力，令人类的智慧和文明能以文字和书籍的形式流传下来，并且逐渐积累。在此基础上，整个社会的发展如同有了好燃料，速度变得更快了。

古法造纸：从龟甲、木块到纸片

“纸”字的偏旁是“纟”，俗称“绞丝旁”，那么纸和丝有什么关系吗？

是的，最早的书写材料就与丝有关。中国是全世界最早养蚕的国家，蚕会结茧抽丝，那些上等的蚕茧被用来缫丝制成丝绸，那些非上等的蚕茧也不会被浪费，会被做成丝绵。用沸水令蚕茧脱除胶质，手工把茧剥开，浸没在水中的篾席上，再用棒反复捶打，直到蚕茧被捣碎，散开连成一片，丝绵就做好了。每次人们从篾席上取下制好的丝绵，都会有一点儿残余粘在篾席上。次数多了，篾席上就会积下薄薄一层均匀的纤维。人们将这层纤维晾干后剥下来，发现它不会断裂，而且很适合书写。这个意外产物，就是造纸术的前奏。由于蚕茧的成本太高，这种方法没能推广开来，但人们没有停止思考：哪些材料能代替蚕茧呢？

后来，人们在生活中不断尝试革新，直到东汉时期，蔡伦总结前人的造纸经验，经过反复试验，改良出一种比较成熟的造纸术。

蔡伦造的纸只需以树皮、麻头、破布、旧渔网等为原料，这些东西要么来自植物，要么是变废为宝，这样一来，普通人家也可以用得起手工纸了。

经蔡伦改进后的造纸技术成本不高，而且工艺流程相对比较简单，所以被广泛地推广开来。

首先，要有耐心。因为只有把树皮、竹子等放在水里浸泡足够的时间，才能利用天然微生物将这些原材料充分分解。有些地方会将原料放在碱水里蒸煮，以达到同样的效果。

将泡好的原料拿出来在水里反复漂洗，下一步便是把漂洗好的原料打成浆状，用什么工具来打呢？加工食物的杵臼、石碓、水碓是现成的选择，它们既能把稻米磨打成米粉，也能把树皮、竹子等打成浆状。

接下来的一步就是从丝绵的制作工艺中借鉴而来。把打好的纸浆加水稀释，混合进一些可以让纸浆更均匀的植物黏液，倒进大木桶中。用一块竹帘把漂浮在水里的絮状物捞起，竹帘上有细密均匀的小孔，能过滤掉水分，令絮状物在竹帘上形成一层纸膜。

这一步需要造纸手艺人有纯熟的技术，才能让这层纸膜薄厚适中并且均匀分布在竹帘上。把纸膜从竹帘上倒出，放在平整的地面或者木板上，继续去捞下一张。待湿的纸膜叠放到一定厚度，再用石头或其他重物压在上方将水分压出。

重压并不能完全去掉水分，差不多的时候又要将叠在一起的纸张分开，再将它们一张张晾干。有贴在火墙上晾的，也有放在火炉旁烘干的，把晾干后的纸揭下来，就得到了一张成品。

像这种用竹帘将纸浆从水中抄起的制纸工艺被称为“抄纸法”，与之相对的，同一时期还流行着另一种“浇纸法”。这两种方法的最大差异体现在取纸的方法上。与抄纸法的活动式竹帘不同，浇纸法是将搅拌好的纸料浇在固定式的帘模上，而且是等帘模上的纸晾干后再揭下来。

由于浇纸法在搅拌时不加入纸药，也没有压纸这个环节，所以制成的纸张往往比较厚，纸的表面也比较粗糙。如今，我国的傣族、藏族、维吾尔族等少数民族仍然传承着这种古老的浇纸法，而且各地造纸的原料往往就地取材，十分丰富，例如傣族用的是构树树皮，藏族用的是当地的狼毒草等。

制纸的工艺基本确定后，在原材料、程序等任何一个步骤上稍加变化就可以得到花样繁多的纸。按原材料就可以大致分为

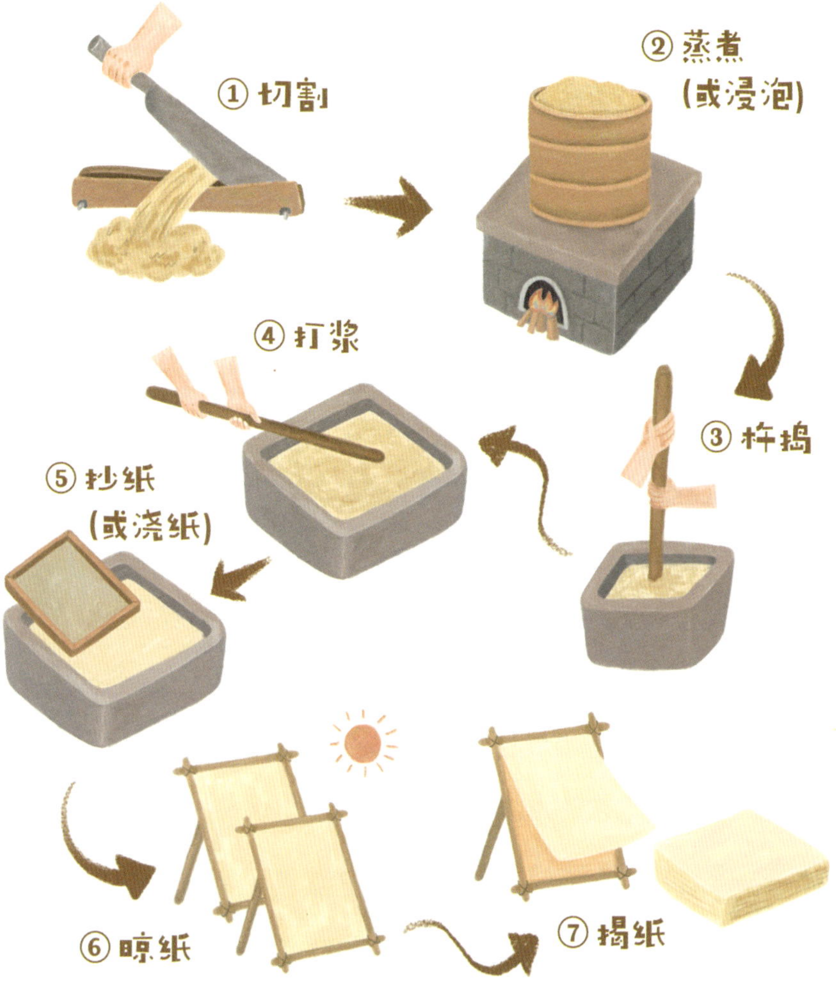

麻纸、皮纸、藤纸、竹纸、宣纸（混料纸）等，再按照生产工艺、用途等细细划分，传统手工纸可以分为几百种。

古代文人在用纸上也十分讲究：写字用麻纸、画画用宣纸、抄经用磁青纸、封书皮用洒金纸、书皮用蜡笺纸、作诗用薛涛笺……其中一些纸的诞生还与我们知道的著名人物有关。比如薛涛笺，就是由唐代女诗人薛涛设计出来的。相传她用“浣花溪的水，木芙蓉的皮，芙蓉花的汁”制作出一种尺寸小巧的印花彩笺，专门用来誊写自己的小八行诗作。这个美妙才思，配上薛涛清雅脱俗的诗句，让这种纸风行一时，成了文人雅士竞相购买的珍品。

南唐后主李煜也对造纸颇有研究。他精通书法、绘画，对纸有着极高的要求。为了做出令自己满意的纸，他专门选派官吏在全国寻访造纸名匠，邀请他们来宫中造纸。南唐宫殿中有一处藏书之所叫澄心堂，李煜当时就在此与造纸匠人们研制书画纸。他不仅到场监督和提意见，还会亲自参与捞纸、烘纸。最后他们研制出冠绝一时的纸中精品——澄心堂纸。虽然这种纸传世极少，但见过的人形容它薄如鸡蛋壳里的膜，质感像玉一样光润。李煜将澄心堂纸视若珍宝，仅在奖赏时赐出一些给臣子，而且南唐国破后，澄心堂纸的造法也失传了，但这并不影响后世对于这种纸的向往和推崇，宋代文人、清代宫廷都曾仿制过。

在造纸术发明之前，人们只能在龟甲、竹片或木片上写字，这些材料昂贵又笨重。据说秦始皇一天要批阅的奏章，需要用一辆车来拉。虽然轻便的帛和绢也可以用来写字，但过于奢侈，所以能认字读书、写字的人很少。纸发明以后，书写方便了，会认字、写字的人也变多了，大大推动了社会的受教育水平和文明的进步。

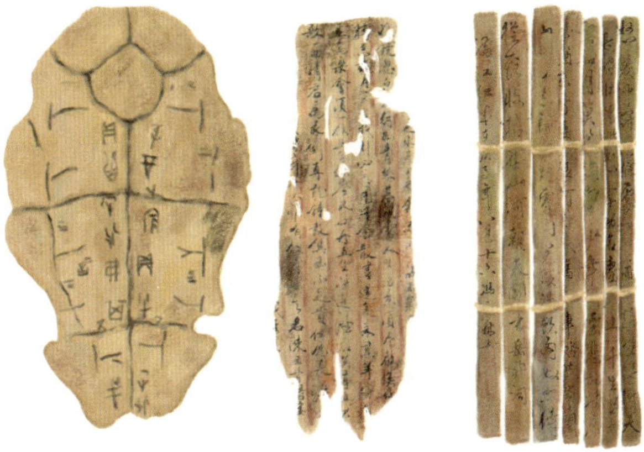

龟甲、帛书和木简

印刷术：神奇的复制

会读书写字的人变多了，对书的需求也就增多了，但抄书很费人工，速度也慢，写错一个字更是要一整页重写，于是，另一项伟大的发明——印刷术就在人们的需求之下诞生了。

要解释印刷的源头，可以从印章讲起。在纸还没有被发明之前，人们用绳子穿起薄木条和竹条，做成专门用于写字的竹简和木牍，写完一卷后，要卷起来，再用绳子捆扎好。碰上重要的公文或书信，为了防止传递过程中被人偷看，会在捆绑结绳的地方粘一块封泥，用印章盖上早就刻好的姓名、官职或者机构名称，收到文件的人看到这块封泥是完好的，就知道没人打开偷看。印章可以是用木头、石头或金属做的，上面刻的文字可以是凸起的也可以是凹下去的，凸起的为阳刻，凹下去的是阴刻。有了纸之后，人们在写信时，也会用印章，蘸上有颜色的印泥，在信封的封口线上盖一下。

汉代流行刻石碑，石碑上往往刻有一些经典书籍的内容，没有书的人就去石碑前抄写。后来有人发现，如果在石碑上盖一张微微湿润的纸，用布或棉锤轻轻按压和捶打，使纸面紧贴石碑，尤其是在刻了字的碑文凹陷处，纸面也要贴紧。待纸干燥一些后，用布包上棉花，蘸上墨汁，再轻轻地拍打整个纸面。这时，字迹部分因为凹下去仍然是白色，其余部分则成了黑色，就像复制了整篇碑文一样。这个方法叫拓(tà)印。当人们掌握了拓印的方法，就再也不用在石碑前辛苦抄写了，而且还能保证准确。

唐代，受到印章和拓印的启发，人们想到，如果像刻印章那样将每一页都做成一个对应的刻版，把每个字都像石碑上的字那样雕刻出来，这样就能像拓印石碑一样，一次性地印出许多书来。宋元时期，这种雕版印刷技术被广泛使用，刻印了大量儒家经典、名人文集等。其中有许多书都是大部头的，比如北宋开宝四年(公元971年）首次雕刻佛教的《大藏经》，共五千多卷的经书，用了十二年的时间才全部刻成，据说光雕版就用了十三万块。

不过这个方法，意味着每一页都要作为一个整体单独制作，一套书版只能用来印刷一种书。如果刻版上有个错字，就要将错字从印版上挖出来，再塞进一个刻着正确的字的木丁。如果错处太多或无法修补，则要整版重做。

北宋庆历年间（公元1041—1048年），毕昇发明了活字印刷术，顾名思义，在这种印刷方法里，字是“活”的，可以灵活移动和更换，不像石碑或雕版那样被整页固定在石头或者木板上。毕昇尝试用胶泥制字。将胶泥制成大小相同、尺寸一致的泥块，在泥块的顶面刻出反阳体的文字。待自然风干后，再用火烧硬，就成了一枚枚像印章一样的字模。排版时预备一块带框的铁板，铁板上放松香、蜡和纸灰的混合物做“胶水”。然后按照底稿，在铁框内排好字模。用小火烘烤铁板底部，胶水便会融化，用平板压一下排好的字

制作雕版

模，活字就能稳稳地粘在铁板上了，而且还能保证整个版面上的所有字模高度一致。为了提高效率，一般至少准备两块铁板，排版的工匠排好活字，交给印刷的工匠印刷时，可以用另一块铁板排下一页。当一版字印够所需的份数，便可以将铁板再放到火上烤，松香的混合物融化后，活字很容易就脱落下来，可以循环使用。“之”“乎”“者”“也”“曰”这样的常用字往往会准备二十几个，众多的字模会按声韵或部首被分门别类地放入木格或轮盘，下次要用的时候就可以便捷地找出来。

毕昇的活字印刷理念非常先进，只是对参与雕刻、排版和印刷的工人要求比较高，而且只有在大量印书的情况下，成本上才划算，所以古代印刷的主流一直还是雕版印刷。但活字印刷术诞生之后，元代、清代陆续有人在活字印刷技术上钻研革新，他们尝试用木、锡、铜等材质做字模，希望得到又快又好的印刷效果。清代乾隆年间由宫廷刊印的《武英殿聚珍版丛书》，就是木活字印刷的卓越成果。

活字字模

到了十五世纪中叶，欧洲也出现了木活字，但木活字不适宜雕刻小号的英文字母。后来，德国人谷登堡选用铅、锡等金属的合金制成活字，还发明了脂肪型油墨和印刷机，这一整套印刷方式很快被世界各国广泛应用，古登堡也被称为现代印刷术的创始人。

每当我们打开一本书，触摸到洁净光滑的纸张，看到一个个字排列成一句句话，一句句话排列成一篇篇文章，不得不感谢古人，正是他们利用各种材料一步步地探索，才有了如今成熟的印刷技术，为我们带来美好的阅读时光，让我们能够继承古人的智慧，持续创造更美好的生活。

指尖工坊

【试刻简易“活字”】

利用手边的橡皮，我们可以尝试制作简易的“活字”：

1. 备好要刻字的印章大小的橡皮。

2. 在纸上写好要刻的字，想办法像照镜子一样将这个字画成反的，可以把正面字放在镜子前，然后对着镜子画一张“镜像”字。

3. 用比较粗的墨水笔反复加重线条，然后拓印在橡皮上。

4. 用美工刀沿着线条雕刻，去掉多余的部分，略微刻得深一点儿，一两毫米深最适宜。

5. 试印后，再进行细微修整。

墨与砚

文人的书房宝贝

笔墨纸砚，被称为文房四宝，是古代文人书房的必需品。在砚台里加水，用墨研磨出墨汁，再用毛笔蘸墨汁，这一系列动作就像现代人给电脑开机、打开书写或绘画软件一样，是古人书写或绘画前必不可少的步骤。

可惜文房四宝中，除了纸依然是我们的日常文具，毛笔、砚台和墨，都变成了书法和国画领域的专业用品。用传统手工方法制作出来的墨，更是少见了。其实古代的墨和砚，不仅代表着古代文人对书写工具的品质要求，更体现着古人的审美情趣和艺术追求。

化袅袅青烟为纸上墨迹

除了把信息刻下来，要想在什么地方留下记号，一是要找到可以蘸色的“笔”，二是要找到用来着色的颜料。在发明用动物毛制作的笔头之前，最原始的笔甚至可以是一截树枝、一段竹签等简单的杆子。最早的颜料则是用带颜色的矿石或植物制成的，例如，将棕红色的赭（zhě）石、红色的朱砂等磨成粉后，加水调制成红色颜料。

最早的墨也是这样的天然材料，是人们从燃烧后的木炭、煤矿石中提取出的黑色。到了秦汉时期，出现了一种叫“松烟墨”的手工墨。那时候人们会用松明子照明，松明子是含有大量油脂的松木组织，将松明子劈成细条可以直接点燃照明。但它的缺点就是燃烧起来烟很浓，灯具上方很快就会熏出很厚的烟尘，不过聪明的古人很快就将这个缺点变成了优点。他们发现这些烟尘深沉、细腻，刮下来加入鹿角胶等动物胶进行搅拌，搅拌后的材料经过长时间的捶打，就能做成各种形状的墨块。东汉之前的墨不都是规整的形状，在秦和西汉时期，人们会将墨捏成大小不一的墨块或墨丸，研磨时还得用研石碾压。东汉时期，制墨时多经过压模这道工序，墨就多是块状的了。古人惜墨如金，墨块跟银一样，都用锭（dìng）这个量词。这时候，与墨搭配使用的砚台也变得更加常见了。

如今，我们在博物馆里看到秦汉时期的书法文物，上面的笔画流利、墨迹清晰、色泽深沉，可以推断当时用的墨质地细腻、不滞笔，并且经历两千多年的岁月风霜仍能保存完好，那便是优质的松烟墨。

随着墨的需求量越来越大，渐渐出现了以制墨为生的工匠，还出现了一些由几代人传承的制墨世家。经过长年累月的制作和研究，他们积累了很多制墨的技术经验，也会在制墨的方法上做一些创新或调整。比如五代南唐的李廷珪就出自一个制墨世家，他改进调胶和捶打原料的工艺，制成了被称为“天下第一品”的廷珪墨。他原本姓奚，但受到南唐后主李煜的赏识，不仅被封为墨务官，还被赐以国姓，改姓李。据说他做的廷珪墨能保存五六十年，做到“虽败而墨凋，其坚如玉”。

宋代时，有工匠发现，用桐油点灯也能收集很多烟尘，而且这些烟似乎比松烟更细腻，其他文人也开始用其他油来做尝试，什么麻油、豆油、猪油都用上了，北宋时期的科学家沈括还尝试用石油制成了名为“延川石液”的墨，宋徽宗也亲自用苏合油做起了实验，但综合对比，还是桐油墨的性价比更高，用石油或苏合油做的墨都比较昂贵，所以一般书写都还是用松烟墨或以桐油为主要原料的油烟墨。

无论是松烟墨还是油烟墨，制作的第一步都是取烟。松枝取烟一般是用砖石在斜坡上修建一座松烟窑，下方是燃火口，顶部是集烟室，四周开有很小的出气孔。将松枝放在窑内的燃火口点燃，使其进行不完全燃烧，形成浓烟。浓烟经过沿缓坡修建的烟道冷却，最终在集烟室絮结成细小的炭尘。离燃火点越远的烟尘质量越好，会用来做上等墨。用来燃烧的松枝，处理得越好，得到的墨也就越好，比如要将树干和树枝上的细小签刺削干净，而且因为含松脂过多的松木，制出的墨会有滞结的毛病，所以还要降低木头里的松脂含量。明代人发明了“凿孔留脂法”，即在树干上凿一个小孔，点一盏灯火，让火焰对着木孔缓慢燃烧，令树干中的松脂油缓缓从小孔里流出来。

取松烟末的松烟窑（明代《天工开物》）

制油烟墨时桐油的选材也一样重要，古人说“烟清不如油清，油清不如桐子鲜明”，想要有好的产出，那从最开始一步就要尽量做好，所以明代一些对墨有高要求的文人或书画家，甚至会跑

桐油灯取烟末

到产地去买饱满无霉变的桐籽，暴晒三天后自己榨油，从而得到优质纯净的桐油。然后等到秋末冬初，再交给烟工点灯取烟末。集烟时，每个油碗盛好桐油，放一根灯芯草点燃，在高于油碗约十厘米的上方放置倒扣的集烟碗，罩住灯火，等桐油燃尽，集烟碗里就留下了一层厚厚的烟末。如果各个环节控制得好，十二斤桐油大约可以收集一斤烟末。

好的烟末还要用好的胶来调和，这里的胶不是胶水，而是从动物的皮或骨中熬出来的胶体。煮胶一般是用小火慢熬，需要不停地搅拌至黏稠状。煮胶也是一个关键环节，不仅要选上好的原料，也要选择对的时间。北魏时期的农学著作《齐民要术》中说，二月、三月、九月和十月最好，太热了胶水不好凝结，太冷了又会导致黏性降低，这个时间一直被历代墨工遵循。

关于胶和烟末如何更好地融合，也是经过长时间的尝试探索出来的。一开始直接和在一起，后来有制作者会精心调配两者的分量配比，再加入一些为墨增光、提色、添香或防腐的药剂，甚至会考虑春夏秋冬四季和南北方的气候差异。后来人们发现令所有材料融为一体的好办法就是“杵”，把和好的原料放在杵臼中反复捶打。《齐民要术》中甚至写明要“捣三万下”。宋代人更是不厌其烦，会在杵捣几百下后，用猛火蒸煮一次，趁热再去捣杵，待水分干得差不多后，再蒸再杵，直到胶和烟灰完全融合，墨料看起来均匀细腻。

做好以上几步，就可以得到很好的墨了，但是一些古代文人精益求精，还会在墨中加入一些昂贵的香料，像龙脑、麝香、蔷薇露等，用来改善墨的气味，提升墨的品质。

关于墨锭的造型，唐代以后开始有特别的讲究，比如进贡到皇宫的墨，就会做成特别的造型，墨锭上会印刻图案，还会留下制作者的标志和制作时间。从宋代开始一直到明清时期，墨锭不再只是书写工具，更成为一种艺术品。不仅形状和尺寸花样迭出，更是通过雕刻、绘画等方式，将山川、花鸟等受古代文人喜爱的图案装饰在外表上，极大地提升了墨锭的鉴赏和收藏价值。

砚台：唤醒墨汁的石头

砚台的发展与墨类似，也是从一个仅服务于书写的实用品慢慢变成了承担多种功能的工艺品。最早的砚台可以追溯到原始社会人们用石头做的研磨器，原始人画彩陶时会用它研磨矿物颜料。正规的墨锭出现后，也只需要将一块石头挖成浅盘状，然后将墨锭用水浸润摩擦，成块的墨锭就像被唤醒一样，变成了墨汁。

到了经济和文化大发展的汉代，砚台开始配有精致的木盒和漆盒，也出现了铜、玉、陶、瓷等其他材质的。唐代的书法艺术十分繁荣，文人墨客们对砚台的要求，不只要坚实美观，还要有令墨汁更细腻的“滋润”效用。后来，人们总结了两条选择砚台的实用标准，一是下墨，二是发墨。下墨，就是加水研磨的时候，墨从墨块上被磨下来和水融合的速度；发墨，指的是墨中的碳分子和水分子融合的细腻程度。发得好的墨，像油一样有光泽，蘸在毛笔上能随笔运转流畅。古人写字、画画的时候，尤其讲究墨的流畅感，传统水墨画更是仅靠着深浅各异的黑墨，便可晕染出万千意境。

由于石制的砚台在下墨和发墨上的表现都不错，所以大部分好砚台都是用石头做的。甘肃的洮河砚、广东的端砚、安徽的歙砚、河南的澄泥砚都是十分出名的，除了澄泥砚是以澄江之泥烧炼出来的，其他几种均是石制的。端砚硬度较软，所含矿物质颗粒细小，也能把墨磨得更细腻，善于发墨；而歙砚硬度较高，颗粒粗，摩擦力强，所以善于下墨。下墨和发墨对于石材的硬度要求是相反的，往往下墨快的发墨粗，发墨好的下墨慢。如果一方砚台能调和好这个矛盾，做到细而不滑、涩而不粗，就是一方极其珍贵的好砚台了。

磨墨

受古代文人的审美影响，朴素大方、实用雅观的砚台越来越成为主流。如果一方砚台造型遵循自然，装饰雅致，还有名家题写的“铭文”，这样的砚台往往被后世追捧。现代人已经极少用毛笔写字了，其中用墨条和砚台来磨墨汁的人就更少了，但砚台一直在文房四宝这一类的收藏里最受欢迎。

虽然如今包括砚台在内的文房四宝，正在逐渐淡出人们的日常生活，但它们身上蕴含的文人情怀和艺术价值仍然拥有持久的生命力。只有懂得笔墨纸砚的韵味与魅力，才会懂得古代读书人的乐趣与追求。

指尖工坊

古人“文具”多

古代文人能书又能画，离不开笔墨纸砚这四件宝贝。文人书房里的其他用具往往是围绕这四个基本工具而来的，比如笔筒、笔架、墨床、墨盒、臂搁、笔洗、书镇、水丞、水勺、砚滴、砚匣、印泥、印盒、裁刀、图章、卷筒等，这些都是古人的必备“文具”。

古人在书房中的生活，除了读书、写字、画画，还有弹琴、焚香、弈棋、试茶、观画、刻竹等雅事，所以，棋、茶、香等雅物也是古人书房中的重要点缀。于是，古代的众多文人雅士便是在这样精心布置的书房中，追寻着理想中的自然。

竹器编织

一日不可无竹

宋代的大文豪苏东坡认为，人住的地方是不能没有竹子的：“食者竹笋，庇者竹瓦，载者竹筏，炊者竹薪，衣者竹皮，书者竹纸，履者竹鞋，真可谓一日不可无此君耶。”吃穿住行，竹子的身影无处不在。

竹子是穷人的木材、富人的饰品、文人的朋友，在传统中式生活里，无论是农家小院还是富家豪宅，都有竹子的位置。因为竹子容易长成，而且富有弹性和韧性，好看又好用，所以我们的许多生活用品都是由它做成的，比如竹凉席、竹床、竹垫、竹椅、竹筷、牙签、竹扇、竹钓竿、竹扫帚、竹篮、竹筐、笛子、洞箫，等等。

地球上大概有一千二百多种这样的竹子朋友，它们以强大的生命力和广泛的适用能力一直陪伴着我们。学会使用竹子，就能在起居饮食的物质条件、房屋庭院的设计建造上得到保障。

相比把竹子劈开或劈成块做成床、椅、柜子等家具，竹编是竹工里相对细致的活。竹编是把竹皮部分削薄削细，再编织成篮子、筛子、席子、扇子等，视编织工艺的差异，这些竹编产品，可以是简单的日常器具，也可以成为收藏级的精细工艺品。

篾匠：会编竹子的手艺人

人们称呼从事竹编手艺的人为篾匠。以前的篾匠大多是兼职，是人们农闲时候的副业。田地里的庄稼种好、收好了，闲下来的擅长竹编的农民，就以篾匠的身份出门揽活了。以前家家户户都需要用竹篮、竹筐、竹篓和竹席，有的要新编，有的是破旧了要修补，走家串户的篾匠是被需要的。篾匠们只要带着刀、锯、凿、钻等基本工具，给哪家干活就吃住在哪家，按天拿工钱，做完就转移到下一家，就像是借着手艺到处旅行的人。

在竹艺特别发达的地方，甚至没有专门的竹工，因为普通家庭的妇女就能编竹器，小孩子就能用竹做些鸡笼、鸟笼。北宋的黄庭坚就观察到："故吴楚无竹工。非无竹工，妇能织缉之器，儿能鸡鹜之笼也"，意思是像吴楚这样的产竹大区，"无竹工"其实是全民都可以做竹工。

竹编的鸡笼和鸟笼

现代社会，金属

和塑料大量代替了竹编用品，篾匠等竹编手艺人逐渐消失在人们的视野中，但仍有少数技艺高超的竹编师傅作为嵊州竹编、东阳竹编等国家级非物质文化遗产的代表性传承人，仍在从事竹编的生产创作，培养着后继人才。

剖竹篾：手不够就用嘴

竹子一般要过了夏至才不会生虫，才能得到品质好的竹篾，因此竹篾的编织工作一般集中在夏至到立冬这段时间，用来做扇骨或者竹刻艺术品的竹子有的则需要好几年时间来自然干燥，因此，做好计划的手艺人每年都会囤一些竹子，以备随时都有合适的竹子可用。

经验丰富的篾匠很清楚什么竹子适合做什么，有的竹子柔韧、节长，适合加工成又细又软的竹丝；有的竹子粗壮有力，适合做成家具或者建筑材料；有的竹子有漂亮的颜色或斑纹，就适合做成笛子、洞箫或者扇骨。

砍、锯、剖、拉、撬、编、织、削、磨，这些动词代表着一名篾匠应该具备的入门功夫。完成这些动作的工具可以很简单，如锯子、弯刀以及竹编的专用工具——度篾齿，也可以再复杂一些，比如，弯刀的尺寸可以根据需要做成多个，一些手艺人还会准备一些应对专门制作步骤的工具。

碗口粗、十几米长的竹子是常见的，砍下来后去枝叶，用锯子锯成段，再用弯刀劈成两块、四块、八块等。一把弯刀能剖出不同粗细的篾条，然后再用刮刀或匀刀来精修篾条，所有动作全靠两只手和一把刀来配合。当篾条已经又长又软还要继续劈丝的时候，篾匠们会觉得要是再长一只手就好了，于是他们不约而同地开始用嘴，只见他们一只手捏紧篾刀在竹篾一端刻出口子，一只手挑开竹篾向上分开，腾不出手，只好用嘴叼住竹篾，让篾刀能够顺利游刃在两层竹篾之间。想要劈出理想粗细的篾条，还需要用刮刀一遍遍打磨。伴随“哧”的一声，长长的篾条在刮刀上一划而过，又比上一次平滑了一些，只有些卷曲的竹屑落在地上……

竹编手艺人

光剖篾一项，在传统手艺的学习过程中往往要练习三年以上才能合格。在四川，有一种名为“竹丝扣瓷”的竹编工艺，是以瓷器为胎，用竹丝依胎编织而成。竹丝扣瓷对于竹丝的选料和粗细要求极其严格，竹丝要纤细如发、柔软如绸。还有一种用竹编的“龚扇”，竹丝的厚度可以达到零点零几毫米，编织成的扇面质薄如绢、光滑如镜。这些精细的工艺一般用竹子最外面一层带表皮的青篾，一块竹子最多做两层青篾，其余不带表皮的叫黄篾，黄篾又根据离表皮的远近分为头道黄和二道黄，黄篾柔韧性差些，难以剖成很细的篾丝，所以会用来编织大一些的生活用具或者农具。

竹篾经纬交织的一百多种方式

篾丝准备好了，到了“编”的环节，篾匠们各显神通，用不同的编织方法形成不同的纹路。但如今的竹艺大师想要创新一种编法是相当困难的，因为绝大多数编法古人已经尝试过了。人们从六七千年前新石器时代的陶器底部发现了很多编纹印痕，有斜纹、缠结、绞结、棋盘格、间格……这些可能是在制陶过程中，原始人在竹席上晾干陶坯时留下的印记，也可能是因为喜欢竹编纹样刻意印上去的。在已经出土的原始时期的竹编用具中，就有竹席、竹篓、竹篮、竹箩、簸箕等，编织方式有人字纹、十字纹、梅花眼、菱形格等，跟现在很多地方的竹编方法基本一致。这些都说明竹编技艺自古便是人们生活的重要组成部分，是几千年积累和传承下来的庞大遗产。

编织的基本思路就是“经纬交织”，先将竖的经线排列好，横的纬线以挑一根经线在上和压一根经线在下的方式编织进来，慢慢地由一根根篾丝织成平面。在这个基础上，改变纬线挑压经线的间隔数量和方式，就可以变幻出不同的花纹，有人做过粗略的统计，经纬交织可以演变出一百五十种以上的花纹，甚至可以织出细腻繁复的动物图案和山水画作。

如果是做竹篮、竹筐等立体的用具，则需要有粗一些的骨架，按着骨架方向编织竹篾，就可以编成需要的形状。四川手艺人发明的竹丝扣瓷，就是用细细的竹丝给瓷器编织一件“外衣”，而在与漆器的组合中，竹编又可以摇身一变，成为隐藏在漆器里的“内衬”，真是适应性极强的万能竹子！

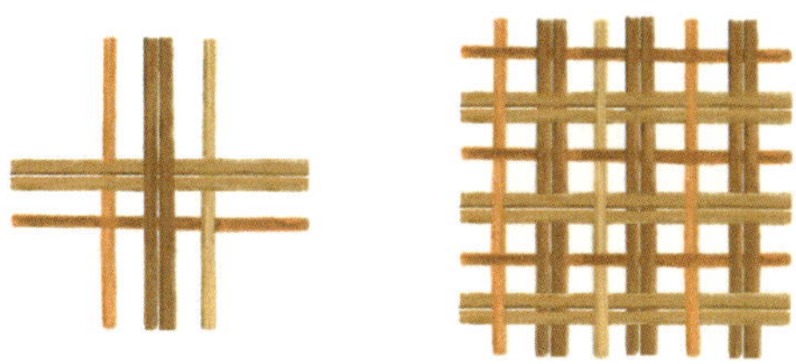

一挑一编法

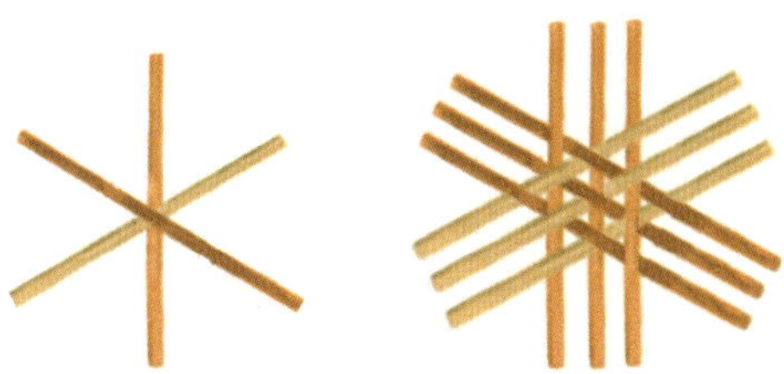

三角孔编法

指尖工坊

【与竹子有关的汉字】

竹子在中国人的衣食住行中扮演着重要的角色。在《辞海》中，以竹为偏旁的汉字就有两百多个，涵盖了竹子的特征、用竹子制成的器物以及与竹子相关的事物等。

例如，表示竹子各种形态的有笋、笌(yá，竹笋)、竿(竹子的主干)、篾(劈成条状的薄竹片)等；表示竹具和竹器的有笊(zhào，用竹篾、铁丝等制成的有漏眼的用具)、篦(bì，密齿的竹制梳头用具)、笫(zǐ，竹编的床垫或床席)、箩(竹编器具，多为方底圆口)等；表示竹乐器的竽(古代管乐器)、笐(háng，古代弦乐器)、笳(jiā，古代北方民族的管乐器)、笙(中国传统的簧管乐器)等。

此外，许多与竹子有关的成语和俗语也丰富了中国的语言文化，如丝竹之音、竹帛之功等。竹字头的字不仅体现了汉字的构造智慧，也展示了竹子在中国文化中的重要地位。

蓑笠、油纸伞与木屐

古人的避雨三件套

“青箬笠，绿蓑衣，斜风细雨不须归。”这句诗读起来不禁让人向往下雨天的诗意。因为戴着斗笠、穿着蓑衣，所以即便是下着小雨，也不必急急忙忙赶回家。

蓑笠：草叶、树皮的避雨术

人和动物都需要避雨，但只有人能自主创造出雨具。原始人类最早的衣服要么是兽皮，要么是树皮、树叶或野草，并没有严格区分出雨衣。只是他们发现，一些草比其他材质的衣服更能阻挡雨水浸湿，而且容易晾干，坏了再做一件也不麻烦。

等到用麻布、丝绸等布料做衣服的时候，草衣就只在下雨的时候穿了。蓑草又叫龙须草，这种草细细长长，外表光滑，便于雨水迅速往下流走，而且蓑草内部中空，晒干后重量很轻，不易腐烂，所以就成了最常见的雨衣材料，后来人们也用粽叶、蒲葵叶、棕树皮等制作雨衣，但都被统称为蓑衣。

夏天，是蓑草生长最茂盛的季节，此时的蓑草韧性也最好，割下来摊在平地上晾晒，等干得差不多的时候就可以用来编织蓑衣，如果晒得太干，可以喷一些淡盐水软化。到了秋季，蓑草就会干枯，此时的蓑草容易折断，就不能再用了。

把蓑草按4～5根分成一股后，既可以按照竹编或毛衣的编法用手编起来，也可以用麻绳缝制起来。在全国不同的地方，制作蓑衣的原材料和具体手法略有不同，但最终形态都像一件披风。无论是编织还是缝制，都需要做出好几层来，才能更好地防雨。山东有一种蓑衣，是用绳子给蒲草打结后做成的，一件竟然要用短绳打上千个结。可见，一根草可能很脆弱，但被捆成股，然后连成片，就变得厚实耐用了。

富裕一点儿的家庭，会在制好的蓑衣外面涂一层油脂，制成防水性更好的高级雨衣。明代开始，出现了用绢丝制作、外涂油脂的“油衣”。此外，宫廷中还用特殊的纸张——蚕茧纸制作雨衣。这些当时的新式雨衣更接近“衣”的形态，除了披风式的，还有像道袍的，是蓑衣里的“奢侈品”。

跟现代雨衣不同的是，蓑衣没有帽子，所以它必须有个一起出场的搭档——斗笠。斗笠是用竹篾、箭竹叶等为原料编成的帽子，有尖顶和圆顶两种，晴天可以用来遮太阳，雨天可以配合蓑衣用来挡雨。

跟很多其他竹编技术一

样，制作斗笠的方法在以前几乎是家家户户都知道的。斗笠的基本做法就是用竹篾编两层菱形网眼的帽子，中间夹一层油纸、粽叶或棕榈皮等能遮挡雨水的材料。

但各家的做法也存在差异，主要是在某些细节上用的材料不同，或工艺的精细程度不同。例如，精致高档一些的会用涂了桐油的绢布来糊帽顶。在工艺上，顶花的精巧程度、篾丝的光滑程度、编织的疏密程度等，都能决定一顶斗笠的档次。

斗笠和蓑衣原是农夫、渔夫、樵夫等出门劳动的必需品，一年中最忙的季节恰好雨水比较多，他们常常要出没在田间地头，戴斗笠、披蓑衣既能挡风遮雨，又不妨碍干活，非常实用。

可能是田园生活题材的中国画里总是有这样的农夫形象，从唐宋时期起，不少文人逸士也开始喜欢这样的装备，觉得这是自然和简约生活的象征，能代表他们对隐居生活的向往。他们经常想象自己戴着斗笠披着蓑衣，在不知名的湖边，孤独却悠闲地钓

各式斗笠

鱼，如果再下点儿雪，那简直就是完美画面。就像唐代诗人柳宗元的那句名诗："孤舟蓑笠翁，独钓寒江雪。"以至于在现代人创作的小说中，掌握神秘武功的世外高人，往往也是戴着斗笠出没于江湖。

油纸伞：随身携带的避雨亭

雨伞是我们现在依然经常使用的避雨工具，与现在的伞不同，古代的雨伞只能用天然材料和手工来制作。

关于伞是怎么被发明出来的，也有很多传说。有说是受到荷叶启发：出门遇见大雨，刚好路边有大片荷叶，摘下来戴在头上是自然而然的事；也有说是古代的发明家、木匠的鼻祖鲁班发明的。传说鲁班在户外干活时，妻子每天都给他送饭。遇上雨季，往返路上常常淋雨。鲁班先是沿途建造了一些亭子，遇到下雨就可以赶紧跑到亭子里躲避。然而，夏季的雨变化多端，固定的亭子并不能真正解决问题。一天，鲁班的妻子突发奇想：要是随身带个小亭子就好了。鲁班一听，恍然大悟，这并不难啊，于是他削了几根细竹作为骨架，然后在架子上撑起一块兽皮，看上去就像一个可随身携带的迷你亭子。

通过一些出土文物，我们能看到早期的伞是什么样子的，比如秦始皇帝陵出土的彩绘铜铸车马上就带有一柄伞。伞柄上有个机关，拉动它，伞盖就能倾斜到不同的方向，用来遮挡从不同角度照射来的阳光或从不同角度落下来的雨滴。不过，这种伞更重要的意义是彰显皇帝出行的仪仗，所以叫“华盖”，用的都是真丝绸缎、彩色羽毛这类昂贵材料，是帝王身份的重要象征。

观察伞打开后的样子，就像一顶带着手柄的大斗笠。所以也有人认为，人们是为了让携带和收纳更加方便，让斗笠能够折叠起来，这才发明了伞。

最亲民的制伞材料当然是竹子和纸，造纸技术成熟后，立马

秦铜车马上的伞

就被运用到制伞上。伞的收拢需要借助一定的机械原理，所以用竹子做成的大小伞骨之间有着精密的连接。而且伞面与伞骨还要贴合，做到收放自如，所以做伞也是一个精密的制造行业，工序从七十多道到一百多道不等，除了刀、剪刀、钻子，还需要各种各样特制的工具。

伞骨支撑着整把伞，它是否牢固直接决定了一把伞的质量和寿命。所以竹子要选不易弯折的高山竹，而且要用白矾煮过，才能有效地防霉防蛀。伞骨有长有短，范围大约在30～50厘米。大部分手艺人自己的手就是尺子，要做多长手一比就行。一把伞要用到几十根伞骨，手艺高超的手艺人能做到所有的伞骨粗细长短均匀整齐，跟用机器测量过似的。

然后就是钻孔、拼架和穿线。长的伞骨从伞头呈射线状散开，短的伞骨则是用来连接伞柄和长伞骨的。伞柄上方会做一个卡扣，短伞骨会在卡口附近围绕着伞柄聚集一圈。当卡扣被压下的时候，短伞骨可以沿着伞柄柱下移，伞就收拢起来；当卡扣挡住短伞骨下移，伞就被撑开。我们用伞的时候，无论是撑开还是收拢都很轻松，但仔细分析伞骨之间通过孔、线的联动和缠绕，一定会感叹其中的设计不仅合理精巧，还蕴含着几何学的美感。

虽然伞面看上去就是一层纸，但其实很不简单。首先，这个

竹伞制作

纸不是一整张直接覆盖上去的，而是一块一块、一层一层，用糨糊刷上去的，而且上下伞面都要贴得厚实均匀，边上也要整齐服帖。然后是晒干和整理伞面，这时候要把每两根长伞骨之间的折纸痕迹做出来，这样伞收拢的时候才会整齐地折叠在一起。最后，当这些基本项都检查完毕后，就可以刷防水利器——桐油了。

伞面和扇面一样，也是诗词书画的美好载体。古时的油纸伞上绘有各种文字和图案，花样一点儿也不比现代的伞少，这些造型别致的伞让雨天变得多彩而富有情调。

雨鞋：走过悠长的雨巷

遮头遮身的伞与蓑笠都有了，那脚怎么办呢？现代雨靴基本都是用橡胶、塑料等制成的，这些材料在古代是完全没有的，所以只能从草、木、皮、竹子等原材料上想办法。

古代把鞋子称作履，那时候的雨鞋就叫水履，常见的水履就是给普通鞋子加一个木套子，像拖鞋那样套着穿。这种木制雨鞋成本不高、穿着方便，非常适合普通老百姓。

在先秦时，出现了一种双层木底鞋。这种鞋子的鞋面用葛或牛皮缝制，鞋底是一层木板，再加一块铁做的小支架，边上用铁钉固定，这样就让鞋和地面有了一个隔空层。宋代时，这样的木屐被广泛用作雨鞋，这样走过湿漉漉的地面或积水都可以不沾到水。缺点是整双鞋子太重，不适合快走和走远路，制作成本也高，一般只是贵族穿。

古代的中国女性有近一千年的裹小脚的历史，所以也有为小脚女人专门制作的雨鞋。鞋跟不高，鞋底是皮制或者木制的，鞋帮虽然是布的，但是上边有一层桐油，能有效地防水防潮。只不过，小脚女人的脚骨受伤变形，下雨天会疼痛难忍，即便有漂亮的雨鞋也极少能出门。

指尖工坊

油也可以是防水神器

舟船、雨伞、雨衣和雨鞋等许多用具都需要解决防水问题，古人无一例外都选择了桐油。

桐油是将桐树果实晒干后压榨出来的油。桐油中有一种特殊的物质，名叫桐油酸，这种物质会与氧气发生氧化反应，在物体表面形成一种保护膜。

十三世纪，意大利人马可·波罗游历中国，看到渔民使用桐油，便在游记中写道："中国木油（桐油）可与石灰碎麻混合，填塞船缝"。的确，用桐油处理船身木板之间的板缝、钉缝，能起到很好的避水防腐作用。

民国时期，李昌隆在《中国桐油贸易概论》中写道："中国普通用桐油最多者为油漆船只各部……咸利用桐油以避水族附粘船身及做防腐防水之用；又有涂于木器上，以免水汽之侵入，大气之侵蚀；制造油布、油纸、油伞，以供夏日防雨之器具；制造黑墨，以供写字之用；且有用以充作燃料，为夜间燃灯之用者。"有句老话叫"栽桑种桐，子孙不穷”，那时候，桐油不仅是人们生活中的必需品，也是国家重要的经济作物。

虽然桐油的防水防腐功能强大，但是要注意，桐树的果实是有剧毒的，千万不能食用。

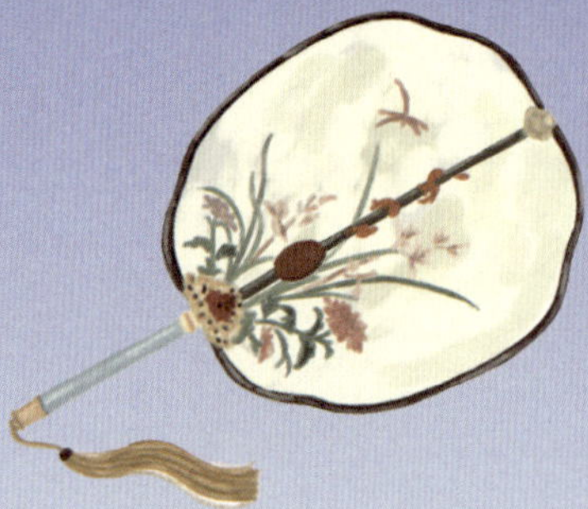

制扇工艺

摇动之间微风起

扇子，在中国古代算是常见的生活用品。现代人手机不离手，而被古代人常常拿在手里的则是扇子。

一些古书上记载，扇子是周武王发明的，但这个说法经不起推敲。中国古代喜欢把各种用品、器具的发明归到一些名人、圣人和帝王身上，以显示它的来路很高贵，但其实大部分发明都来自普通民众的智慧。因为他们在生活中要解决很多问题，自然而然地就发明出各种用具。哪怕是原始社会的小孩子，在感觉到热的时候，一定也会拿片大树叶或者其他什么东西扇风。如果做出一个专门用来扇风的东西，就可以算是发明了扇子，那似乎并不需要一位圣贤来冥思苦想。

但中国扇子的优秀之处，不仅仅是扇凉风、驱蚊虫，在几千年的历史里，它还承载了厚重又丰富的文化内涵，在礼仪、风俗、诗词、舞蹈、戏曲中都是重要的角色。中国扇子还可以成为书画、刺绣、编织等艺术的展示舞台，可以是值得收藏的艺术品。

折扇

中国古代扇子的种类非常多，最常见的要数蒲扇、团扇和折扇。

蒲扇：平民生活代言人

蒲扇是扇子家族最亲民的成员，它的制作差不多只需要一张蒲葵叶。蒲葵树一年四季都是绿色，就像是专门为人类“长扇子”的树。它的叶片以叶柄为中心，叶面像射线一样散开，形状本身就像是一把大扇子，只要想想办法让它变得更方便使用和耐用就好了。

编织中的蒲葵扇

冬季，蒲葵叶含水量低，这时候最适合做成扇子。最简单的制作方法是，连着叶柄一起砍下来，晒十几天至二十几天，待干燥后，修剪掉多余的叶面，再用锤子捶打，让扇面和扇柄更扁平、更柔韧。然后用硫黄熏蒸和烘烤，让扇子越来越白。最后，用重物压平，再用篾丝或者棉线锁住或缝住扇面的边缘。

稍微复杂一点儿的蒲扇，也可以结合编织技艺，用蒲葵叶和蒲草编出来，将晒干处理后的材料按经纬交织的方法做成扇形即可。这样编织出来的蒲扇会比直接按压出来的更加结实耐用。

朴实的蒲扇，不仅承载着世世代代中国人关于夏天的记忆，也成为平民身份的一种象征，例如，清代的雍正皇帝是重视农业和关心平民生活的，在古代画册《雍正耕织图》里，他亲自出现在各种劳动场景中，以鼓励国民勤劳耕织。在这些图中，蒲扇多

《雍正耕织图》里的蒲扇（局部）

次出现：一位老奶奶正在用蒲扇扇炭盆，想要火大一些，另一只手则在擦汗；一位老爷爷腰插蒲扇，正在田地里薅苗或插秧，仿佛劳动累了会随时拿出蒲扇扇风休息；还有身着农装的雍正皇帝本人，右手拿着蒲扇，似在遮阳观望田里的几个农民干活。

团扇：从皇家威仪到古典风情

“团”有“圆”的意思，所以从字面上理解，团扇可以指一切圆形的扇子。团扇的制作比蒲扇要讲究得多，用途也并不仅仅是为了扇风纳凉。商朝时，就有用彩色野鸡毛做成的扇子，是帝王出行的时候用来遮阳和挡风沙的。后来，这一形式变成了固定的配置，哪怕在室内，也有要仆人举两面大扇在帝王身后，以显阵势威仪。

作为仪仗的扇子

后来，扇子的分类越来越细化，但中

国人习惯认为，由绢、纨、罗一类丝织品制成的圆形或椭圆形的扇子才叫团扇，甚至包括一些不太标准的圆形。今天我们无法想象团扇在古人生活中的地位，西汉才女班婕妤写过一首《怨歌行》："新裂齐纨素，皎洁如霜雪。裁为合欢扇，团团似明月。"她用圆圆的明月来比喻团扇，也讲明了团扇是用皎洁如霜的纨素，即白色的细绢做成的。由于团扇中间有纤细的扇柄，扇面两边不可折叠也不可分割，象征着一种团圆，所以古人经常借团扇来表达自己期盼团圆的心情，团扇这一意象便常常出现在诗歌里。

团扇的结构看起来很简单，似乎用个框把扇面围住，再加个扇柄即可，不过古人讲究起来也是令人佩服的。比如扇框，虽说只是用一根竹条做成，但选择在什么时间砍什么品种的竹子各有讲究。除了看竹子的材质，还要看文人雅士赋予各种竹子的意义，有的雅、有的朴实、有的娇贵……被选上的竹子还要经历各种工序才能定型。烤扇框是制作团扇的基础，也是最难的地方。想要扇框有弹性，就需要用一整根竹条去烤，据说以200摄氏度左右的间接温度烘烤能令竹条的韧性最佳。竹条在烤的同时就要做好造型，如果竹子的纤维长度不够，就容易断掉。一般来说，形状越接近圆形越好烤，不规则形相对难烤。所以，特殊形状往往需要专门的制扇工匠才能制作，像腰圆形、海棠形、梅花形、菱花形、八角形、秋梨形、芭蕉形、梧叶形、十六棱形等，工匠们都能用一根竹条做出来。

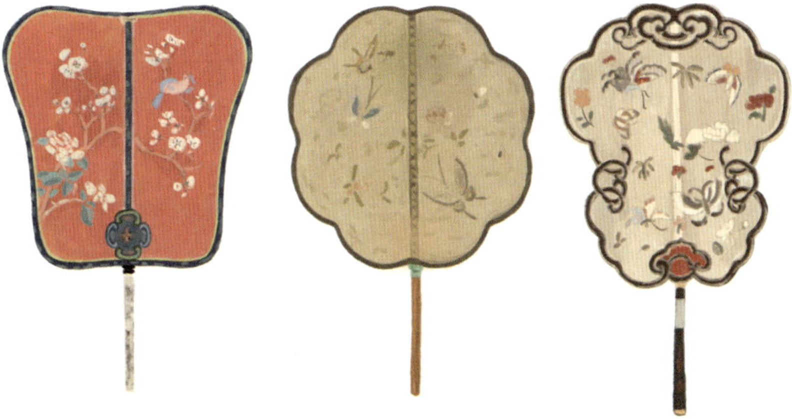

不同形状的团扇

烤好的扇框还要以名贵的布料来包边，窄窄一圈要包得平整严实，不能摸到凸起或不平。相比扇框，对工匠们来说，扇柄可以发挥的空间更大，像藤编、大漆、洒金、螺钿、剔红、雕刻等传统家具工艺都可以运用到小小的扇柄上。

除了扇框和扇柄，扇面也可以极尽奢华。扇面可以用素绢，也可以用缂丝、绫、罗、绸、纱、宋锦等，还可以在扇面上加上刺绣工艺或书画创作。工艺越多，材料越难得，价格也就越昂贵。如果涉及多种精细的工艺，一把团扇往往需要各种领域的专业匠人合力创作。

现在我们想到团扇，一般会跟女性联系在一起。古代的美人出场总是要以扇子遮挡面容，显得有教养，体现娇羞之美。其实很早以前男性也是用团扇的，在很多古画上，我们都能看到手里拿着团扇的男子。大概明朝以后，团扇才变成女性专属，男子们都开始使用折扇。

折扇：什么样的人拿什么样的扇子

折扇，是可以折叠的扇子。用时展开呈扇形，不用时可以收起，非常便利。关于折扇的早期记录，是在南北朝时期的《南齐书》，有“褚渊以腰扇障日”，这里的“腰扇”就是可以折叠的扇子。

折扇的风靡是从明朝开始的。明朝永乐年间，折扇最先是受到皇帝、大臣和一些文人雅士的喜爱，因为收放自如、方便实用，放在袖子里或插在腰间，就可以腾出双手做事，要用时随时拿出来打开，风力一点儿不比团扇小。后来，为了迎合皇帝的喜好，宫廷每年都会定制一批折扇献给皇帝。一面请文臣学士题上诗词文字，另一面则请画师画上雅致的图案，皇帝则会将一部分折扇赐给嫔妃和大臣。就这样，对折扇的喜爱很快传遍全国，成为当时的时尚。文人雅士在折扇上互题诗词，表达友情别意。手持折扇，成为高雅的象征。

随着折扇在全国流行开来，各地的能工巧匠辈出，发展出丰富多彩的制扇工艺，出现了很多以地方或人名划分的折扇种类、制扇流派。比如杭扇、曹扇、川扇、歙扇、弋扇、潘扇、方扇、黄扇、青阳扇、溧阳歌扇、丰润画扇、武陵夹纱扇、金陵柳氏扇、尹氏纸麦扇、吴扇等，名目多到数不清。

在结构上，折扇可以基本分为扇骨和扇面两部分。扇骨是一把扇子的“骨头”和“躯干”，对折扇来说，扇骨是由一些均匀细长的薄片叠在一起，并在一头钉上钉子固定而成的，所以折扇可以以钉子为原点向两侧呈放射状散开。接下来，便是在扇骨的上半部分粘上扇形的扇面，而且要保证，每两条扇骨之间的扇面要有能折叠的余地。虽然折扇的结构并不复杂，但中国的制扇工匠可以细分出几十道工序慢慢打磨，在每个细节上都用尽心思。

首先，扇骨要强韧而刚健，材质一般是木头、竹子或兽骨，这些材料可以很普通，也可以很名贵，如紫檀、象牙、玳瑁等。因为竹子品质坚韧，保存时间久，古代文人又一致认为它非常高洁，所以大部分折扇的扇骨用的都是竹子。选竹林里长得最好的竹子，没有斑点和黑丝，截取合适的长度后劈成竹片。当天就要用水煮一下竹片，然后自然晾干。

晾干后的竹片要经历刮、拖、倒、烘、打磨、雕刻、髹（xiū）漆等五十几道工序才能做成扇骨。扇骨一般长30～35厘米，一把折扇会用到十到四十根扇骨，数量越多，每一根扇骨就要磨得越细越平。磨的时候先用浸湿的木贼草磨光，再用榆树叶摩擦提亮，最后打上白蜡，让竹皮看上去滋润悦目。虽然默默地下了许多功夫，但最后竹片看上去仍是自然纹路，只是更加晶莹细润了。

竹片要尽量保持自然，那手艺人的巧思要放在哪儿呢？可多地方了。比如扇钉，可以是用牛角、铜或者银做成的。扇骨先统一打好孔眼，然后用扇钉贯穿，两头用烧红的火钳烫化形成钉帽，这个花椒粒大小的钉帽可以做成梅花等多种造型，再用螺钿、金银等进行装饰。再比如扇头，也可以设计成多种造型。常见的扇头有圆形、水滴形、直方形等，有的像茄子头，有的像马的牙齿，有的像燕子尾巴，有的像橄榄……叫得上名字的扇头就有一百多种。做完扇钉、扇头处的精细活，

各种扇头造型

还要看扇骨展开后是不是排布整齐，收拢后能不能紧凑整齐地叠在一起。毕竟，在手上开开合合自如随意，牢固耐用不散架，是对一把折扇的基本要求。

羽扇

扇面的工序与讲究并不比扇骨少。扇面的材料可以用纸也可以用绢布，要求是要厚实舒展。扇面上的装饰用金用银都不稀奇，还有邀请著名的文人雅士写字画画的，这时一把折扇的艺术价值就难以估量了。清代的时候，折扇在文人和官员中更加流行。折扇不仅是用来扇风的工具，也不仅是人们用来把玩或收藏的艺术品，更是一种身份、地位与品位的象征，手执折扇一摇，别人就可以从折扇的扇面和装饰细节中推测主人是什么样的人。所以古时人们非常注意挑选自己的扇子，并且会精心搭配扇袋、扇坠和扇盒等附属件。

木片扇

乾隆时期，广州的商人还把折扇出口到欧洲。虽然欧洲的皇室贵族不懂中国文人的字画，但中国扇子令人叫绝的工艺震惊了他们。出口商便投其所好，制作出以象牙、檀木、金银等雕刻工艺为主的折扇，把扇骨做得更宽，装饰也采用欧洲风情的绘画，或者是用他们喜欢的羽毛。据说，英国在1859年一年，就从上海和广州进口了两百多万把扇子。

指尖工坊

古代名画中的扇子

（五代十国）顾闳中《韩熙载夜宴图》（局部）

（唐）周昉《簪花仕女图》（局部）

胭脂水粉

古人也爱美

爽肤水、乳液、面霜、粉底液、腮红、眼影、睫毛膏、润唇膏、口红……现代女性的梳妆台上，总是摆满了各式各样的护肤品和化妆品。古代女性的梳妆台是什么样呢？古代人在脸上下的功夫一点儿也不比现代人少，几乎每个古代女性，都有自己的胭脂水粉盒。每逢佳节或比较重要的日子，女子们完成一整套梳妆打扮的流程，花上一两小时也是常见的。

“小山重叠金明灭，鬓云欲度香腮雪。懒起画蛾眉，弄妆梳洗迟。照花前后镜，花面交相映。新帖绣罗襦，双双金鹧鸪。”唐代诗人温庭筠曾用这首词描绘女子起床后梳妆打扮的情景，洗脸、画眉、涂脸粉、梳头、穿衣、穿鞋……美人漫不经心地装扮自己，每个动作都显得雍容华贵。

（宋）苏汉臣《靓妆仕女图》

那古人用的护肤品和化妆品是什么样的呢？其实护肤和化妆的目的从古至今都是一样的：用有营养的乳液或膏给皮肤补充营养，让肤质更好，不容易生色斑、长皱纹；化妆则是用粉来修饰肤色，让脸看上去白净，再给眉毛描上青黑、棕黑等颜色让它更有型，最后给脸颊、嘴唇加一些不同程度的红色，妆扮后整个人更加明艳亮丽。

米粉与铅粉：一白遮百丑

中国人从古代起就崇尚白净的肤色，当人们能将大米磨成米粉制成糕和饼时，爱美的女性立马想到了可以将细腻的米粉涂抹在脸上增白。

不过往脸上涂的米粉需要比做糕点的米粉更细腻，所以作为化妆品的米粉有一套更为细致的做法。首先，给稻谷去壳的过程就要比普通大米更为严苛，不能有一片碎壳糠末，连大米外面那层膜都要去掉；然后在水里反复淘洗干净，放在坛子里泡上几个月，要是泡到水发臭了更好，可以让大米中的成分更充分地分解。泡好后，换上新水反复搓洗，把酸臭气去掉，再放在石臼中打成米浆。将米浆进行过滤和沉淀，并放在太阳底下暴晒去掉水分，干燥后用手不断揉搓，令米粉更加细腻、蓬松。这样的米粉扑在脸上不仅能增白，还能遮住小色斑，令皮肤摸起来更光滑。在这个基础上，如果把米粉装入布袋，再放入香料中熏染，就得到了带香味的粉底。

但是米粉的附着力不太好，时间久了或者笑得用力，都会引起大片脱落。秦汉时期，出现了一种叫“胡粉”的新式妆粉，它颜色白皙，质地细腻，关键是黏性足，能均匀地涂在脸上而且不容易掉粉，后来慢慢取代了米粉，成为女性最爱的粉底。这种粉主要由铅制成，使用时能让脸光滑白皙，就像司马光《西江月》中描写的“铅华淡淡妆成”，铅华形容女子脸上人闪着淡淡的粉白光泽。成语“洗尽铅华”，意思便是指洗去妆扮，去除外在的装饰，素面朝天也能从容自若。

宋应星在《天工开物》中详细记录了这种铅粉的制法：将一百斤的铅熔化后摊成薄片，然后卷成筒状，这是为了尽可能增加它的表面积。然后在一个木桶里放两瓶醋，一瓶在底部，一瓶在中部，把卷成筒形的铅片放入桶中，用泥和纸将桶密封起来，用小火烘七天，等醋分子和铅充分反应后，整个铅片上都会生出一层薄薄的粉。打开桶盖把铅片表面的霜粉刮入放有水的罐里，如此反复，直至铅完全被消耗。在制得的霜粉中加入豆粉和贝壳粉，最后制

铅粉盒

成“胡粉”。

不过，古人也逐渐发现了铅粉的问题。明代李时珍曾在《本草纲目》中写道：“嵩阳产铅，居民多造胡粉……其铅气有毒”。但那时的人们并未意识到问题的严重性。直到近代，人们的科学认知逐渐增强，才深入地认识到铅对于人体的危害，更是明令禁止在化妆品中添加铅等重金属成分。

面脂和面膏：滋养肌肤的油脂和药草

古人发现，一些油脂和药草对皮肤有滋养和改善作用，是制作润肤乳和面霜的好材料，便有了面脂和面膏。“脂”和“膏”这两个字，说明面脂和面膏中的主要成分是动植物的油脂，形态则是很稠的糊状。现代面霜宣称的各种功能，例如美白、祛斑、除皱等，在古书中都可以查到很多一一对应的配方，原料的使用从最初的几种发展到后来的几十种，不过基本成分都是油脂，最早有用牛髓、猪肥肉、羊髓、鹿脑、鹅肉煎成的，也有用各类植物油、白蜡的，总体来说，还是以动物油脂为主。

虽然原料和配方看上去五花八门，但面脂和面膏的制作工艺基本相同。都是把动物脂肪炼成液体油脂，然后加入中草药、酒水等一块儿熬煮，最后过滤出精华。比如《齐民要术》中记录的制作面脂用的材料就是牛髓、清酒、丁香、藿香、青蒿五种原料。将丁香、藿香放在清酒中浸泡，使其中的有效成分更好地释放出来，然后加入牛髓或牛油一起熬煮。干燥的丁香、藿香香味很淡，经煎煮后变得非常浓郁，而且能保存很长一段时间。等水分快熬干时，加入少量青蒿，面脂的颜色就会变成淡黄色，等水分完全熬干时，牛髓已经充分融入，这时就可以用细密的棉纱布过滤掉杂质，放进瓷盒等容器中，冷却后，面脂凝固成膏状，就可以涂在脸上和手上了。

在基础配方之上，人们还尝试着添加一些对皮肤好的其他物质，和这些原料一起熬煮。或者将珍珠粉、杏仁等研磨成细粉，待过滤后的面脂还没有凝固时放进去搅拌均匀。古代的女性渴望通过面霜的滋养，达到冰肌雪肤的效果，文人也经常用肤若凝脂来赞美健康漂亮的皮肤。

画眉黛：变化万千的美人眉

《诗经》中以“螓（qín）首蛾眉”来形容女子容貌的美丽，“螓首”是说额头宽宽的，“蛾眉”是说眉细而长，像蚕蛾的触须般有优美的曲线。柳叶和新月也用来形容好看的眉毛，可见眉毛的形态与浓密程度影响着一个人的整体形象。人的眉毛总是有浓有淡，形状不一，不同时期流行的眉形也会发生变化，汉魏时期流行的是又黑又宽的眉毛，唐代时又开创了各种各样的新眉式，细长的蛾眉反倒不怎么受欢迎了，直到宋代，才又流行回来。流行如此多变，古代的爱美女性只能用“眉笔”来描画自己的眉毛了。

最早的眉笔可能是一段烧焦的柳树枝，因为焦炭能磨出一些黑色来，不过我们可以想象这样的工具画出来的眉会有多粗糙和不均匀。南北朝时期的诗人徐陵在《玉台新咏序》中，记录了一种名叫“石黛”的画眉工具：“南都石黛，最发双蛾”。把青黑色的石头磨成细粉，加水调和，成为一种画眉墨，涂抹起来就方便多了。

除了石黛，还有铜黛、青雀头黛和螺子黛。螺子黛在古代是非常珍贵的，它的原产地是波斯（现伊朗），每年进贡的数量有限。所以古代宫廷中的皇后和妃子们都把螺子黛当宝贝。螺子黛的制作原料中有地中海的一种海螺，色彩自然，容易上

石黛

色。还有一种来自西域的青雀头黛，是在南北朝时期传入中原的，颜色呈深灰色。至于铜黛，则是适用范围更广、价格相对较低的画眉工具。

“八岁偷照镜，长眉已能画”，李商隐的这句诗写的是一个八岁的小女孩偷偷照镜学化妆的场景，最先学的就是画长长的眉毛。古代也有男子为妻子画眉的，视为一种对妻子的爱护。

胭脂：自古美人爱红妆

涂粉使脸上白净，描眉让眉毛清晰有型，这两样只是“面子工程”的一部分，不能忽略的还有胭脂。胭脂是红色系的化妆品，类似现代的腮红与口红，能给脸和嘴唇增添红润的颜色，像海棠与桃花盛开般娇艳明亮。

胭脂这两个字听起来就让人觉得温柔，但其实它最早是一座山的名字。胭脂是在什么时间什么地点被发明出来的，古书上有各种不同的说法，但都认为最早的胭脂原料主要为红蓝花。红蓝花也被称为黄蓝或红花，是从匈奴国传入中原的。匈奴国里红蓝花的主要产区叫“焉支山”（或“燕支山”），所以人们索性将来自这里的红色化妆品音译成胭脂。

红蓝花的花朵颜色是红中带黄，要做成胭脂，首先要想办法去掉其中的黄色，这一过程被称为“杀花”。《齐民要术》中记录的操作是把采回来的新鲜红蓝花捣烂，用水反复淘洗，去掉一部分黄色素，然后加入酸性溶液进一步去除黄色素。古人可能只是凭经验选用原料，可我们学过基本的化学知识就会知道，花中的黄色素易溶于水或酸，而红色素易溶于碱性溶液而不溶于酸，所以酸性溶液能把黄色素溶解出来。懂得这个道理，我们就可以用酸梅水、白醋等各种酸性物质来完成这个工作。

黄色被去掉后，第二步自然是要用碱性物质把红色提取出来，古代人用的方法是加入草木灰使水呈碱性，通过反复揉洗，就得到了包含红色素的溶液。这个溶液看上去已经是红红的了，但不能直接使用，因为它还是碱性的，会伤害皮肤，需要再用一些酸性物质来中和一下，这样就得到了温和又纯净的红色素。将提取出来的红色素加入细腻的米粉中搅拌融合，加粉的量决定了胭脂的深浅，加粉少呈正红色，加粉多呈粉红色。

最后一步是去水干燥。将搅拌后的混合物放入布袋悬挂在空中，快干时取下装入胭脂盒，再阴干一段时间就是可长期保存的粉状胭脂了。

古代还有脂状和纸片状的胭脂，制作原理与粉状胭脂相似。

古代的口红画法

首先是在某种植物中提取出红色，除了红蓝花，玫瑰花、桃花、樱花、紫草等都可以，然后加入油脂调匀就成了脂状胭脂，在其中浸泡绵布等就成了纸片状的胭脂。当然，也少不了要加一些香料。最早，胭脂既可以用于脸颊，也可以用于嘴唇。后来，唇脂从胭脂中分化出来，并且加入了一些动物油脂或者蜂蜡来增加唇脂的湿润度。在红色的来源上，朱砂这种矿物质也一度流行，不过朱砂跟铅粉一样具有一定毒性，并不合适添加在化妆品中。

花钿：额头上的点点惊艳

花钿，是在额头或者眉间点的红点、画的小花或者贴的小首饰。关于花钿，有一个美丽的传说：南朝宋武帝刘裕的女儿寿阳公主卧于含章殿檐下，梅花飘落在公主的额头上，印出五个浅红花瓣，一时擦不掉，到第三天才洗掉，但这五个浅印竟然非常好看，引得宫中女子竞相效仿。因此，花钿又被叫作“梅花妆”或“寿阳妆”，后来在隋唐时期风行一时。

我们当然知道这只是个传说，因为梅花轻轻落在额头上，是不可能真的留下三天的花印的。于是，古代女子为了装饰面庞，用金箔、纸、鱼鳞、花瓣等材料制作成花钿贴于额前。花钿的形状除了花朵、花瓣，还可以做成各种动物花草或抽象图案。

北宋陶谷所著的《清异录》中，就记录了一件关于花钿小事："后唐宫人或网获蜻蜓，爱其翠薄，遂以描金笔涂翅，作小折枝花子。"爱美的后唐宫女在薄如蝉翼的蜻蜓翅膀上涂一层金色，做成花钿贴在额头上，真是脑洞大开。

贴花钿用的是一种纯天然的胶，据说是用鱼鳔制成的，效果相当于现在的不干胶。在著名的《木兰辞》中，有一句“当窗理云鬓，对镜贴花黄”，说的就是贴花钿。想卸掉的时候，用热水一敷就能揭下来，方便实用。

拿古代和现代的化妆品对比，就会发现，古人

古代花钿图案

的护肤品和化妆品种类也异常丰富。可以看出，古代女性对于美的追求体现在她们日常护肤以及妆容的各个方面，追求更好的原料和更佳的使用效果，是古今女子的共同要求。

指尖工坊

【唐代流行的十大眉形】

唐代，是一个开放浪漫、博采众长的盛世。唐代女子的眉毛也受到时代影响，变得造型各异、极具变化。比起汉魏，形似蚕蛾触须般的长眉已不多见，女子的眉形大多长、阔且浓。

《妆楼记》中记载："明皇幸蜀，令画工作十眉图，横云、却月，皆其名。"明朝曾有人记录了这十眉的名字："一

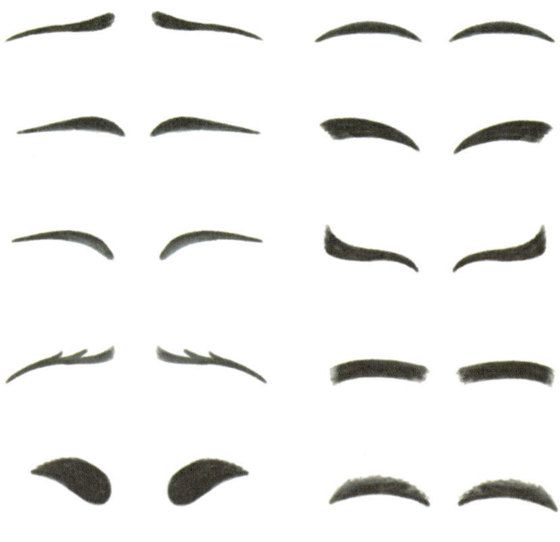

曰鸳鸯眉，又名八字眉；二曰小山眉，又名远山眉；三曰五岳眉；四曰三峰眉；五曰垂珠眉；六曰月棱眉，又名却月眉；七曰分梢眉；八曰涵烟眉；九曰拂云眉，又名横烟眉；十曰倒晕眉”。可以说，这是当时唐玄宗李隆基亲自发布的“眉形指南”了。

戎装铠甲

古人的防御装备

无论在哪个朝代，农业与军事，都是君王最看重的两件事。人民要吃饱饭、穿好衣，还要随时做好防护，抵御外敌进犯，这是一个国家生存的根本。我们一直在赞叹几千年来各种手工技艺的高超与古代生活的精彩，但不能忘了，战争的阴影一直伴随着人类，在外交文明程度不高的古代，武力是解决纷争的主要方法。社会的变革和朝代的更替，几千年来都是靠这种武力形式来推动的。

在火药发明并运用到战争之前，古代的战争叫冷兵器战争，战斗方式是用各种金属兵器，比如刀、枪、剑近身肉搏，或用弓箭进行远程攻击。如果没有有效的防护，往往是由兵器刺穿身体直接丧命。古时候的医疗技术和医疗条件远不如现代，如果受了重伤很难得到治疗，战场上的死亡率很高。所以对于那些冲锋陷阵的士兵来说，上战场前必须穿上防护用的铠甲。

从藤皮、兽皮到玄铁

原始部落时期受限于材料与技术，战衣做得单调简陋，通常选用兽皮、藤皮等做成原始的防护服。不过那时的武器不过是棍棒、骨头、石头之类，所以只要穿得比平时更厚实就行。

随着战斗经验的丰富，人们发现将整张皮革裹在身上不利于大幅度的运动，影响战斗力的发挥，于是根据身体各部位的形状，将整块皮革裁成大小不同的片，用绳子连缀在一起后穿在身上，这样活动起来就便利多了。战斗时，最重要的就是保护好胸和背，避免敌人从腰背处伤到脏腑，所以甲身至少要有前后两片，然后再根据需要加上袖、肩、裙和头部的片。这种做法不仅有了剪裁的意识，而且出现了按人体结构进行贴身保护的铠甲设计思路。

商朝时期，战争越来越频繁，规模也越来越大。人数众多的军队到了战场上打成一片，如果一方又有几支不同的军队相互配合，如何分辨敌军和友军就成了问题。军旗、战鼓能起到一定的作用，但主要还是靠统一的戎装来辨认。戎装既包括上战场时穿的全套武装，也包括在营地里穿的日常服装。兵种不同，级别不同，戎装的款式也有不同。

战场上的衣服作为制服，比平常的衣服更注重装饰和设计。原始人战斗时要在身体上彩绘本部落的图腾，商周时期，青铜器上威武的怪兽纹也会出现在铠甲上以彰显国威。

战国以后，铠甲上的装饰纹样，也跟其他服饰上的纹样一样，从抽象的几何纹和动物纹转变为具象的动植物纹样。秦汉时期大批量生产铠甲时，普通士兵的铠甲就只保留了基本功能，没有任何的装饰花纹，但高级军官的铠甲则追求精致华美，有麒麟、狮虎、飞鱼等猛兽图案，象征着勇士的威猛雄武，也表明了军阶的高低。到后来，军官的铠甲上出现了金、银、玉等昂贵材料，加上了刺绣、髹漆、錾刻等精致工艺，变成了一种等级与权力的彰显。

关于秦朝的铠甲，最直观的教材便是秦始皇陵兵马俑。这些兵马俑分为不同的种类，有将军俑、军吏俑、骑士俑、射手俑、步兵俑、驭手俑等，他们表情生动、姿态各异，反映了两千多年前秦朝军队的状况。值得注意的是，不同种类的兵马俑所穿的铠甲也不一样，说明当时的军队已经有森严的等级制度了。

秦朝时期的铠甲以皮制的为主，也有用青铜、铁等金属做成的。步兵的前胸、后背以及肩部这几个地方容易受伤，因此铠甲也由前甲、后甲以及覆盖肩部的披膊组成，三者之间用牛皮绳或麻线穿缀连接，有些地方还用上了“一字扣”；骑兵需要在马上骑射，因此铠甲相对短小，长度只能刚刚覆盖腹部，为

秦朝铠甲

了解放双臂，灵活驾驭马匹和敌人搏斗，肩部就没有披膊；还有一类驾驭战车的士兵，仅在前身有护甲，五十多块甲片像肚兜一样通过宽宽的带子系在身上。因为在战场上，一般驾驭战车的士兵只能勇往直前，没有回转的余地，所以背后是没有甲片覆盖的。

这些铠甲都是以小甲片叠压成大片的方式制作而成。比如，胸部是以上片压下片，腹部则是以下片压上片，肩部差不多也是这样叠加的。这样的组合方式既结实，又能保证战士活动的自如。

从秦始皇陵兵马俑来看，铁甲已经占据了一定比例，但仍以皮甲为主。到了汉代，皮甲基本被淘汰，铁甲成了主流。东汉后期的孔融就曾感叹道："古圣作犀兕（sì）革铠，今盆领铁铠，绝圣甚远。"意思是古代圣人做出犀牛皮铠甲，现代人做出铁甲，实在比古代好太多了。但皮甲并没有彻底消失，它作为辅助型盔甲，一直被保留到明朝。

汉代是冶铁业大发展的时期，这一时期锻铁器件明显增多，铁兵器取代了铜兵器，护身的铠甲也必须升级为铁的，因为铁是黑色，所以铁甲也被称为"玄甲"。

越变越小的甲片

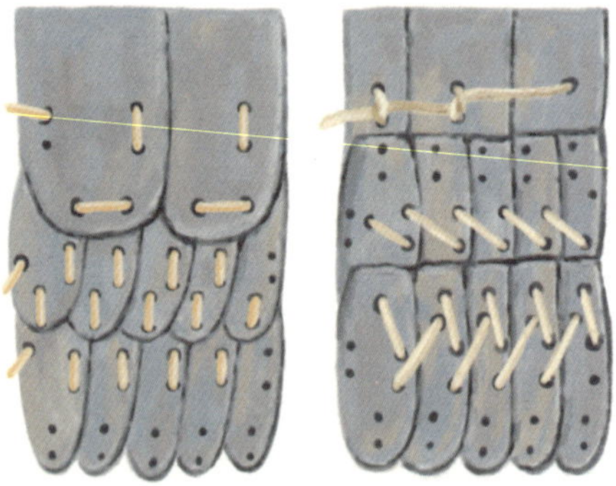

甲片的连接示意

从出土的情况来分析，战国时期的皮札甲形制大多比较简单，如曾侯乙墓出土的皮甲，仅有一百八十多片甲片。而在汉墓中，中山靖王刘胜墓中的铁甲甲片竟有两千八百多片；西汉齐王墓的金银饰铁铠甲，甲片有两千两百片；西安城郊汉墓发现的铁甲胄，甲片也有两千八百多片。汉代铁甲的甲片数量大幅度提升，意味着单片甲的面积缩小，这样的铁甲单片宽度不超过4厘米，被称为鱼鳞甲。鱼鳞甲的编缀方式与东周时期的皮札甲有些相似，也是上排压下排，前排压后排，整齐有序。

甲片逐渐变小对铠甲来说是很大的进步。首先是能够有效减少单甲片的受力面积，提升抗打击力；其次是更加柔软灵活，方便在战场上大幅度奔跑和格斗。

胄：威风凛凛的头盔

汉代铠甲除了甲片变小之外，保护头部的“胄”也得到进一步发展。胄就是中国的头盔，又叫兜鍪(dōu móu)，意思是像网兜又像铁锅，实际上是士兵作战时戴的特殊帽子，可以同时防护头顶、耳朵、面部和颈部。跟铠甲一样，头盔材料也是从用兽角、藤条、兽皮开始，一路发展到青铜和铁，周朝的铜胄是浇铸而成的整块青铜，左右两侧向下延伸形成护耳。当然，少不了复杂的纹饰；战国时期出现的铁头盔，是用铁甲片层层编压而成的，由线连缀成一个整体，造型美观，贴合头部，可以说达到了相当高的工艺水准。

青铜胄

笠形盔

凤翅盔

此后，片状的铁胄和一体成型的头盔就一直沿用了这样的基本形式，只不过不同的朝代有不同的款式。比如宋代就有四种常见款式：凤翅盔、笠形盔、莲沿笠形盔、无名盔。一般来说，士兵的头盔较简单，装饰不多，主要追求实用功能，军官的头盔则需要彰显其身份，造型会更复杂和夸张，有的雕刻图案和花纹，有的用金银珍珠镶嵌，有的盔上还有缨管，可插威风凛凛的盔缨。

棉甲：匪夷所思的防火甲

到了元朝，战场上开始出现火器，又一次推动了防御铠甲的变革。令人难以置信的是，防御火器的铠甲竟然用棉花来做主要材料。

宋元时期，中国人开始大量种植棉花。随着纺织技术的改进，对棉花的加工和使用也越来越广泛。将采摘的棉花打湿，反复捶打，在模具中压制，再浸水压制，做成很薄的棉片，以不会膨起为标准，反复压实，然后再日晒。把多张这样的棉片缀成很厚实的棉片，把这样的棉片拼接成衣状就是纯棉甲。在两层棉布之间加铁甲，内外用铜钉固定，就成了复合的棉甲。复合甲的柔韧性比铁甲好，活动起来也自由，更重要的是它能防火枪，弓箭也难穿透它。

明清时期的火器比弓箭的杀伤力大，但只是射中瞬间的爆发力大，可持续穿透性较弱。即使用火器打中棉甲，穿透了外面一层软棉，中间的一层铁皮也很难穿透，防火枪的效果明显。天气冷的时候，棉甲还有防寒作用。

棉甲

随着科技的进步，洋枪的口径和穿透力都远胜过火枪，到了晚清时期，不仅棉甲起不了什么作用，铠甲作为冷兵器时代的产物，也一起过时了。

中国有着五千多年的历史，无论是朝代更替还是经济和文化的发展，都会影响军队的实力。铠甲的质地、颜色和款式，不仅反映着不同时代的不同审美，还反映着当时军事、政治、科技、经济等方面的发展情况。可以说，每个战士身上都穿着一个时代的缩影。

中国人，始终对戎装铠甲有着特别的感情。《诗经》中有“岂曰无衣，与子同袍”，严酷战场上，有共穿一件袍服的“同袍情义”；“黄沙百战穿金甲，不破楼兰终不还”，严酷的战场上，也有为国为家建功立业的豪情。

指尖工坊

【铠甲的制作标准】

战士们希望得到什么样的铠甲护身呢？在春秋战国时期编写的手工业技术大合集《考工记》中，对铠甲的制作标准就有详细的记录，大概内容是：犀甲（用雄性犀牛皮制作的甲片）的上下旅（上身下身）都是用七片连缀而成的，兕甲（用雌性犀牛皮制作的甲片）的上下旅都是用六片连缀而成的，合甲（用雄犀牛皮和雌犀牛皮两种皮做成的双层铠甲）的上下旅都是用五片连缀而成的。犀甲可用一百年，兕甲可用二百年，合甲可用三百年。制作甲衣时，先量体形，根据体形来剪裁甲片。一件好甲衣的标准有：甲片上穿线缝合的孔眼要小，连缀后才不会松动；甲片里面要刮得平而光，说明材料处理得好；甲衣上下的缝要对得很直，说明缝制技艺高；装进袋子里要体积小，便于运输携带；举起而展开来看，要显得宽大；穿到身上，要甲片相互间不磨切，活动起来便利。

从《考工记》的记载可以看出，古代制作甲衣的工序非常讲究，是一门重要的技术。

古代造船

征服大海从一叶扁舟开始

地球上布满了大大小小的河流、湖泊和海洋，它们提供了水，提供了鱼虾等食物，但也截断了道路。远古人类以采集和渔猎为生，自然会选择住在水草丰美的地方，但人的行动总会受到水的限制，想穿过河流湖泊，还想去更远的水域打捞鱼虾，这时该怎么办呢？

独木成舟，跨过山水相隔

可能是见过蚂蚁意外地被树叶带离了岸边；也可能是意外地发现在水里抱着一根木头就不会淹死，但要是将木头变成石头，则一定会沉到水底。原始人类逐渐对水的浮力有了认知。不难想象船最早的样子：找一根树干，把要挖空的地方烧焦，再用石斧将中心挖空、削平，便是最简易的独木舟，可以用来水上漂行。带上鱼叉和渔网，还能想办法将深水中的鱼鲜捕捞回家。

在浙江杭州有一处跨湖桥遗址博物馆。馆内就陈列着一条距今约八千年的独木舟。从残余的部件来看，这条独木舟上有明显的石斧、石凿的开挖痕迹，展现了原始的制船工艺。在一些考古发掘中，甚至有新石器时代的桨出土。在浙江余姚的河姆渡遗址，就出土了约七千年前的独木舟残件和六把木桨。《世本》里写过："见鱼尾划水而游，乃刳木为楫以行舟"，原始时期的木桨可能是由树枝、木棍划水不断改进的结果，也可能是见鱼尾摆动而游的仿生产物。

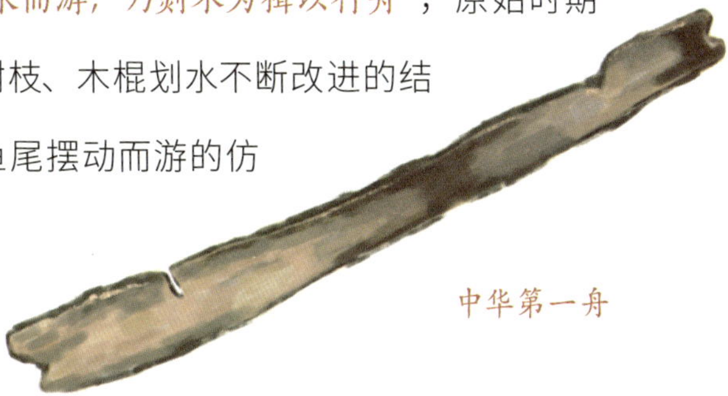

中华第一舟

如果把几根树干捆扎在一起，承载面积和浮力都会加大，就可以乘载更多的人，这种就叫木筏。只要能浮起来的材料，似乎都可以绑起来试一试，于是又有了竹筏、草筏，灌满气的羊肚子和干燥后的葫芦壳都可以捆扎起来做成羊皮筏和葫芦筏。其中方便耐用的竹筏，在很多地方仍然很常见。

但筏子会渗水，而且逆流时划起来很费劲。而且，无论是独木舟还是筏子，都无法装载太多的人或货物。那可以做哪些改进呢？人们用木板做船底，四周加木板形成船舱，这就成了最初的真正意义上的船——三板船。最

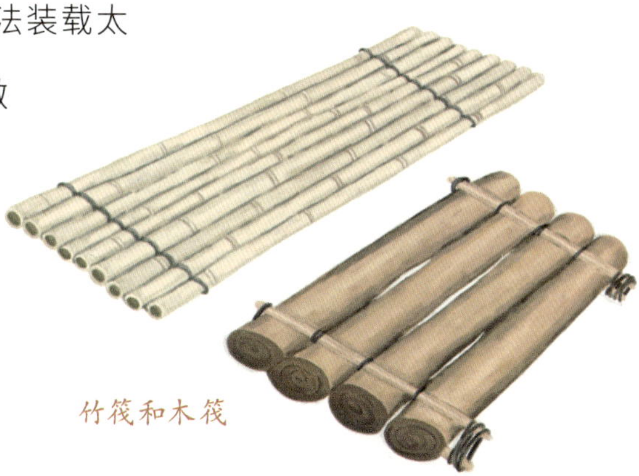

竹筏和木筏

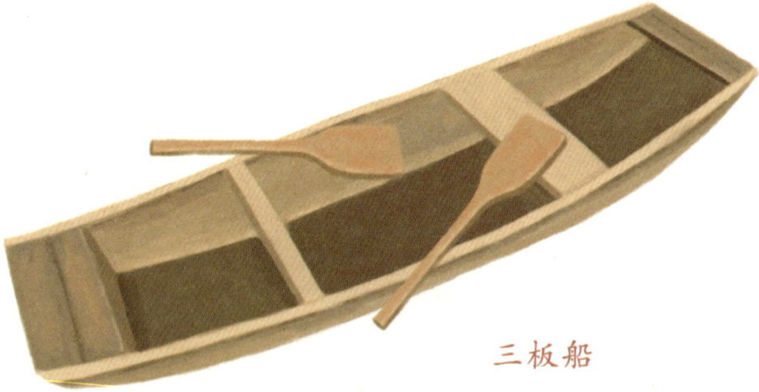

三板船

简单的三板船由一块底板和两块侧板构成，底板的两端可以用火烤弯，令船头上翘。后来，人们增加底板的数量，拼接成更大的船底，还增加了船舷板、横梁等，令船体更加坚实牢固。从此以后，人们便可以根据需要，改变船身的尺寸，做出各种各样的木板船来。商朝的时候，冶炼出来的一些珍贵金属工具，也会优先用来造船。所以商朝时，已经摆脱了原始的漂流状态，进入了航海事业的初创期。人们此时已经能够征服更宽大的江河和海洋，交通能力大大提升。

春秋战国时期，南方出现了专门的造船工厂——船宫。诸侯之间的战争，开始用上了战船，船上既有进攻的装置，也有防御的装置，在结构和性能上都代表着当时造船业的最高水平。当时的吴国最擅长水战，战船也最为先进，有“艅艎”“突冒”“三翼”“楼船”“桥舡”等多种不同功用的舰艇。“艅艎”相当于现在的指挥舰，是将军和王侯专用的；负责乘载士兵的战船则是大翼、中翼和小翼这“三翼”，最多可以装运九十多名士兵参战，还能以较快的速度行驶。

到了秦代，载重几十吨，能够漂洋过海的大船已经不算稀奇了。而且秦始皇重视航运，开凿了灵渠等人工运河，使水上交通四通八达。隋朝，隋炀帝主持修成贯通南北的大运河之后，曾三巡江都，每一次的排场都盛况空前。其中，隋炀帝乘坐的大龙舟就高四十五尺，长二百尺，仅中间两层就有一百多个房间，是一个宛如水上宫殿的四层大船。到了唐代，海外贸易繁荣，沿着古老的海上丝绸之路，性能好、吨位大的中国帆船由广州或泉州启航，经南海和印度洋到达波斯湾诸国。明朝的永乐三年至宣德八年（1450—1433年），郑和曾率领舰队七次下西洋，规模最大的一次有船只二百多艘，其中最大的一艘船长140多米，宽约60米。郑和率船队最远航行达非洲东海岸和红海沿岸，算得上是世界航海史上的奇迹。

楼船

中国古代造船技术在多个历史时期都处于领先地位。广州、泉州、明州（今浙江宁波）、温州、福州以及杭州等地不仅成为造船的重要基地，也成长为国际化的港口。

风帆、水密舱和舵：保障千里航程

为什么古代中国的造船业会这么发达呢？主要还是有独特的技术支撑。

首先是帆的发明。一般的小木船都是用桨、橹、篙等利用人力划水前行，而帆能化风为动力，让风来推动大小船只航行，而且还能超过人力的速度极限，让巨型船只也能凭风力漂洋过海，到达海外。

最早的帆可能是固定在船上的一大块张开的布，只能有效地利用从船尾方向吹来的顺风，所以才有我们耳熟能详的美好祝愿：一帆风顺。

宋代有句名言："风有八面，唯当头不可行"，说明在当时除了当头风，其余七个方向的风都可以被帆利用起来驭船了。也有说"沙船能调戗使斗风"，说的就是多桅多帆的船能够在"之"字形路线下，实现对逆风和侧风的利用，体现了中国人的航海智慧。

其次是水密舱的设计。船舱像一条鱼的肚子部分，是船甲板

水密舱示意图

以下的各种空间。水密舱则是在世界造船史上的一项重明，是用隔舱板将整个大船舱分成若干个互不相通的独立小船舱，像极了竹子的一个个竹节。有了这样分开的小节，当船舶在航行中发生触礁或碰撞，即使其中一个舱节受损进水，其他舱节也完全不会受影响，可以边维修边航行。

根据史料记载，中国最早从晋代开始，就有了类似水密舱的构想。从考古发掘来看，最迟在唐代就有了制作水密舱的技术。十三世纪末，中国的水密舱技术由马可·波罗介绍到西方，被世界各国的造船界普遍采用，对人类航海的发展产生了重要的影响。

最后是船尾舵装置。帆解决了动力上的问题后，对于方向的灵活掌握便成了一个难题。不过这难不倒颇有实验精神的古人，装在船尾用来稳定和调整船舶航行方向的船舵应运而生，并且经过了从原始到成熟的演变过程。

舵最早是由船尾的操纵桨演变而来的，湖北省西汉古墓中出土过一只木船模型，船上有五支长桨，四支在船前部，供船工划桨用，最后一支放在船尾，叫舵桨。后来，为了更好用，船尾的舵桨面积越来越大，变成了四方形。广州沙河顶出土的东汉陶船模型上，就可以看到结构清晰的舵——舵杆通过舵室被固定在船尾。这是世界上已发现的最早的船舵资料，现藏于中国国家博物馆。

东汉陶船

舵虽然是小小的装置，但它能使一整艘大船活动自如，这是怎么做到的呢？原来，船在水中如果要向左转，就将尾舵向右偏转一个角度，水流就在舵面上产生了一股压力，这股压力就被命名为舵压。舵压本身很小，但它距离船的转动中心较远，所以产生的力矩比较大，借助这个力矩，舵压就变成了能够推动船首转向的强大力量。

到唐宋时期，转轴舵被普遍使用，并且发展为将舵叶面积延展到舵杆之前的平衡舵。还有人设计出可以根据水的深浅，将舵调整到适当位置的升降舵。

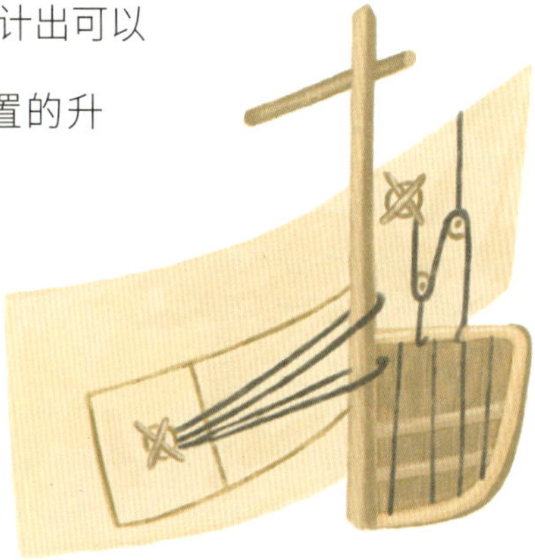

升降舵示意图

各种船舵的发明和应用，是我国古代造船技术上的一项重要成就。风帆、水密舱和舵，加上同样是由中国人发明的指南针，这几样技术便是确保中国船队航行千里的有力保障。

指尖工坊

【被请到海上的指南针】

宋代商业发达，大量商人开始开发海上贸易，可是海上茫茫一片，只能靠太阳和星星的位置来判断方向，遇到阴雨天就束手无策了。这时，指南针很自然地被请上了海船，这样一来，不论天气阴晴，都能正确指明航向。

中国是第一个在海船上使用指南针的国家。北宋地理学家宋彧在《萍州可谈》中就有记录："舟师识地理，夜则观星，昼则观日，阴晦观指南针。"北宋著名的外交家徐兢则是通过《宣和奉使高丽图经》一书记载了船队在驶入大洋后使用指南针导向的情形，这被认为是世界航海历史上使用指南针的首次航行记录。